Lexikon alter und neuer Symbole

Willi Hoffsümmer

Lexikon alter und neuer Symbole

Für die Praxis christlich gedeutet

Matthias-Grünewald-Verlag · Mainz

Mit Zeichnungen von Karl Heinz Hamacher

Der Matthias-Grünewald-Verlag ist Mitglied
der Verlagsgruppe engagement

Die Deutsche Bibliothek – CIP-Einheitsaufnahme

Hoffsümmer, Willi:
Lexikon alter und neuer Symbole : für die Praxis christlich gedeutet /
Willi Hoffsümmer. Mit Zeichn. von Karl Heinz Hamacher. – Mainz :
Matthias-Grünewald-Verl., 1999
ISBN 3-7867-2190-4

Umschlag: Harald Schneider-Reckels und Iris Momtahen unter Verwendung der Zeichnungen von Karl Heinz Hamacher
Druck und Bindung: Pustet, Regensburg

ISBN 3-7867-2190-4

Einleitung

Seit wir das elektrische Licht anknipsen, ist die Sprache der Kerzen leiser geworden. Seit wir Früchte aus Kalifornien erhalten und einen Apfel zu jeder Jahreszeit essen können, verflacht sein Duft. Die vielen Kürzel in der Verkehrs- und Alltagswelt lassen den Menschen auch sprachloser werden. Wer sich dabei zum Roboter machen oder von bloßer Technik beherrschen lässt, wird um so gehörloser für die eigentliche Wirklichkeit; läuft unter Umständen blind an den kleinen Wundern am Wege vorbei. Hinzu kommt die Überfütterung durch die Medien, die unser bildhaftes Denken wie mit einer Asphaltschicht überziehen: Herz, Gemüt und Gefühle kommen zu kurz.

Wer aber kein Auge mehr hat für das, was hinter der Oberfläche unserer sichtbaren Welt verborgen liegt, verliert auch die Sprachkraft für das Religiöse. Wer keine Symbole mehr kennt, stirbt innerlich.

Das Wort Symbol ist vom griechischen „symbalein“ abgeleitet: So wie früher das Zusammenfügen der Teile eines zerbrochenen Ringes oder Tongefäßes als Erkennungszeichen diente, so meint dieses Wort heute eine Zusammenschau der sichtbaren und unsichtbaren Welt. Nur das „dritte Auge“ eines Menschen vermag diese Wirklichkeit zu erfassen; falls er noch mit dem Auge des Herzens zu schauen vermag! „Man sieht nur mit dem Herzen gut; das Wesentliche ist für die Augen unsichtbar!“ (A. de Saint-Exupéry).

Symbole sind Einfallstore für Gottes heilenden und befreienden Geist. Ist hier die Sehnsucht junger Leute zu spüren, die zwar ausgiebig durch Fußgängerzonen flanieren, aber auch noch in den Nischen romanischer Kirchen das „ganz Andere“ suchen? Hinzu muss allerdings die eigene Erfahrung kommen. Vielleicht bleiben deshalb Glaubenssymbole für die Menschen oft nichts sagend, weil sie den Glauben, ihr Denken und ihre Erfahrung nicht mehr ernsthaft genug zusammenbringen.

Symbole bleiben dabei immer dialogisch: Das Symbol spricht, wenn es wahrgenommen wird; es gibt aber nur so viel von sich preis, wie sein Gegenüber erfassen kann. So kann einer das Zeichen „Apfelbaum“ botanisch genau umschreiben, auch, wie der Geschmack der Äpfel ausfällt und wie viel Profit er bringt. Aber der Baum wird symbolisch, wenn der Großvater dem Enkel erzählt, wie er ihn gepflanzt hat; wie ein geplanter Weg verlegt wurde, um diesen Baum nicht abschlagen zu müssen; wie seine Eltern sich in seinem Schatten das Ja-Wort gaben. Hier kann die Grenze zwischen Zeichen und Symbol gezogen werden. Das Zeichen „Bett“, das ich auf dem Autobahnschild entdecke, zeigt mir an, dass ich an der nächsten Raststätte übernachten kann. Das „Bett“ im Märchen „Vom Wasser des Lebens“, im letzten Zimmer vor dem Brunnen, symbolisiert, wie sehr Bequemlichkeit den Menschen von manchem Schatz

des Lebens abhalten kann; für einen anderen mag das „Bett“ Symbol der letzten Freude aus dem Paradies sein, wenn er sich abends in die Arme des Schlafes oder seines Partners/seiner Partnerin legen darf.
In diesem Lexikon ist der Versuch gewagt, auch an moderne Symbole heranzugehen. Die Menschen schauen fasziniert zu, wenn ein Paragleiter herabschwebt und zur Landung ansetzt oder ein Heißluftballon über der Landschaft steht: Sind sie nicht ebenso geeignet, etwas über das Geheimnis unseres Lebens und seiner christlichen Dimension auszusagen? Wenn ein Kleinkind nach „Papa“ und „Mama“ das offensichtlich beeindruckende „Auto“ schon als eines seiner ersten Wörter aussprechen kann, dann müsste dieses faszinierende Etwas doch auf mehr untersucht werden dürfen als nur auf seine Funktionalität. So finden Sie bei modernen Symbolen durch die Kennzeichnung (*) auch Hinweise auf umfangreichere Ausführungen – wie ich sie in vielen meiner Symbolpredigtbücher versucht habe.
Wie rief Rainer Maria Rilke zornig-traurig aus? „Symbole her, es wird alles zerredet!“ So hoffe ich, eine Fundgrube für Erwachsene, aber auch für interessierte Kinder und Jugendliche vorzulegen, die nicht nur zum Nachschlagen gedacht ist, sondern auch zum Schmökern; denn die Welt der Symbole ist faszinierend. Damit der Weg vom Wissen zur Weisheit gangbarer wird.

Willi Hoffsümmer

Abkürzungen

↗	=	siehe
AT	=	Altes/Erstes Testament
atl.	=	alttestamentlich
bes.	=	besonders
bibl.	=	biblisch
byzant.	=	byzantinisch
bzw.	=	beziehungsweise
christl.	=	christlich
dt.	=	deutsch
ehem.	=	ehemalig
ev.	=	evangelisch
GL	=	Gotteslob, kath. Gebet- und Gesangbuch
griech.	=	griechisch
hl.	=	heilig
Hl.	=	Heiliger (Geist)
himml.	=	himmlisch
Jh.	=	Jahrhundert
jüd.	=	jüdisch
kath.	=	katholisch
kirchl.	=	kirchlich
lat.	=	lateinisch
MA	=	Mittelalter
Mz.	=	Mehrzahl
n. Chr.	=	nach Christi Geburt
NT	=	Neues/Zweites Testament
ntl.	=	neutestamentlich
St.	=	Sankt
*	=	Hinweis auf umfangreichere Ausführungen, aufgelistet im Stichwortverzeichnis Seite 137 ff.

A

A und Ω: Alpha und Omega, „Schlüssel des Weltalls“, weil sie als erster und letzter Buchstabe des griechischen Alphabets alles einschließen = Symbol für das Umfassende, Totale, Vollendete; besonders auf Grabsteinen, liturgischen Büchern und Osterkerzen auf Christus gedeutet, der „Erste und Letzte, Anfang und Ziel“ (Offb 22,13). (Nach B. Wittlich ist der Zahlwert von Alpha = 1, der von Omega = 800, das ergibt den Zahlwert des Wortes Taube = 801: Am Anfang schwebte der Geist Gottes über den Wassern [Gen 1,2] = Durchgeistigung der ganzen Schöpfung; in der Kunst als Taube dargestellt.)

Acht: Die Deutung dieser Zahl ist im Hinduismus und Buddhismus bekannter (= acht Speichen im Rad des Lebens; meist acht Blätter an der symbolischen Lotosblüte; acht Pfade, die zur geistigen Vollkommenheit führen), im Christentum spielt sie aber auch eine Rolle, weil Christus – nach jüd. Berechnung – am achten Tag auferstand (am achten Tag fand auch die Beschneidung statt). So wurde die Acht zum Symbol für die Auferstehung Christi und für die Auferstehung der Menschen. Der achte Schöpfungstag = Neuschöpfung des Menschen spielt deshalb bei der Taufe eine Rolle: achteckige Taufbecken und Taufkapellen, auch achteckige Türme (= Vollkommenheit) über der Vierung der Kirchen. – Weiterhin: Jesus verkündete acht Seligkeiten (Mt 5,3–10), vgl. dazu das achtspitzige Malteserkreuz*; acht Töne gibt es in der gregorianischen Musik. – Die liegende Acht (= ohne Anfang und Ende) ist Sinnbild des ewigen Kreislaufes.

Ackerscholle, Symbol für die „Brachzeit“, für die Zeit zum Kräftesammeln der Natur, bis sie der Frost zerbricht und das Sprießen des Kornes zulässt. Zur Zeit der Dreifelderwirtschaft blieb ein Drittel des Ackers als Stoppelfeld zur neuen Humusbildung liegen. So braucht auch der Mensch eine Brachzeit = Minuten der Stille, Zeit zum Nachdenken, Verarbeiten bewegter Stunden, um die Mitte nicht zu verlieren.*

Adler, der König der Lüfte, der in die Sonne blickt. Sein Bild diente in vielen Kulturen, wie früher den Kaisern, als Zeichen göttlicher und herrschaftlicher Macht; heute häufig in Staatswappen (dt. Bundesadler). Der A. ist Sinnbild für Gottes Allmacht, wurde auch manchmal zum Symbol für Christus. Der Adler mit ausgebreiteten Flügeln auf Kanzeln und am Lesepult versinnbildlicht die Majestät des göttlichen Wortes und erinnert auch an das Adlersymbol des Evangelisten Johannes = Weisheit. – Der A., der seine Jungen auf den Flügeln trägt – wie in GL 258, 2. Strophe, besungen –, bedeutet Stärke des Vertrauens auf Gott, der uns nicht abstürzen lässt, wenn wir zu ihm Zuflucht nehmen. An manchen geschnitzten Chorstühlen symbolisiert der zur Sonne auffliegende A. die Himmelfahrt Christi.

Adventskranz, in der Regel aus Tannengrün und als Kreis gebunden, mit vier roten Kerzen und violetten Bändern versehen. Besonderheit des dt. Sprachraumes, kaum älter als hundert Jahre. Vorläufer war wohl der Brauch, den der ev. Pfarrer Johann Heinrich Wichern (1808–1881) in seiner Sozialeinrichtung „Rauhes Haus“ in Hamburg pflegte: Um 1840 wurde der Kronleuchter des Esssaales mit Tannengrün und Kerzen geschmückt und täglich bei der Adventsandacht ein Licht mehr entzündet. – Grüne Farbe = Hoffnung auf Christus; Kreisform = Symbol des Erdkreises; ohne Anfang und Ende = Symbol Gottes und der Ewigkeit; vier Kerzen = stufenweise von Woche zu Woche Aufstieg zum vollen Licht der Weihnacht, das in alle vier Himmelsrichtungen leuchten soll; rote Kerzen = Christus, das Licht der Welt, liebt alle Menschen; violette Bänder = Zeit mit Bußcharakter, Zeit der Umkehr. ↗ Kranz.

Affe, weil dem Menschen ähnlich, oft Sinnbild des menschlichen Wesens. Im christl. Bereich meist negativ gesehen: Er soll den leichtsinnigen Menschen warnen, nicht zum Tier herabzusinken, z.B. den „Todsünden“ wie Geiz, Wollust, Eitelkeit zu verfallen. Manchmal mit einem Spiegel in der Hand; wenn mit Kette gefesselt: der überwundene Satan (= der „Affe Gottes“). Bekannt ist die Darstellung der „Drei Affen“, die durch ihre Gesten ausdrücken: „Wir sehen, hören und sprechen nicht“ und sich somit aus allem heraushalten.

Ähre, schon in Ägypten Symbol für Auferstehung. Seit dem MA Symbol für den in die Unterwelt hinabgestiegenen und auferstandenen Christus. Jesus selbst umschreibt mit der Ä. das neue Leben (Joh 12,24f, ähnlich Paulus in 1 Kor 15,36f), auch die Ausbreitung des Reiches Gottes steht unter diesem Symbol (Mk 4,26ff). Getreidehalme als Krippenlager für das Jesuskind: Bethlehem heißt übersetzt „Brothausen“; zugleich

Hinweis auf die Eucharistie; wie denn auch Ähre und Traube Symbol für die Eucharistie sind. – Weizen- oder Getreidegarben sind beliebt zum Erntedankfest. Die Ähre ist gut geeignet, über das Wunder der Natur staunen zu lassen: Der dünne Halm kann bis zu 2 m hoch werden und trägt doch, auch im Wind, die ca. 60 Körner in der Ähre, ohne abzuknicken. Der Dichter W. Willms bringt dazu Vergleiche: Wenn der Kölner Dom nach den Gesetzen der Weizenähre nachgebaut würde, dürfte er unten höchstens einen Meter Durchmesser haben – bräche also sofort zusammen. Außerdem bezeichnet er eine Ähre als „hochexplosiv": Wenn ein Korn herausfällt, wächst ein neuer „Turm" nach. Um beim Kölner Dom zu bleiben: Was wäre, wenn ihm ein Stein aus der „Krone" fiele und unten wüchse ein neuer Dom! – Maria als Ährenkleid-Madonna = Sie war der Acker, auf dem Christus als Weizen wachsen konnte.

Albe (von lat. albus = weiß), das lange, weiße Gewand (modern auch „Mantelalbe"), das der Priester meist unter dem Messgewand trägt, bedeutet Reinheit des Herzens und erinnert an das weiße Kleid der Taufe, das sich auch im Kommunionkleid, im Brautkleid, im Rochett der Ministranten und im Totenhemd widerspiegelt. In Weiß als Farbe des ungebrochenen Lichtes erschien der verklärte Christus auf dem Berge Tabor (Mt 17,2); mit diesem Kleid Christi werden alle angezogen, die auf Christus getauft sind (Gal 3,27). Schon in frühchristl. Zeit wurden deshalb bei der Taufe der Erwachsenen die alten Kleider (= der sündige Mensch) abgelegt, das weiße Taufgewand angezogen (= Herrlichkeit der Auferstehung; „das Hochzeitsgewand", das berechtigt, am himmlischen Hochzeitsmahl teilzunehmen, vgl. Mt 22,11f), das acht Tage später dann abgelegt wurde, darum der „Weiße" Sonntag. – Wer siegt, wird mit weißen Gewändern bekleidet (Offb 3,5). – In vielen Religionen ist Weiß die Farbe des kultischen Kleides.

Allerseelenleuchte: Das rote Grablicht sagt aus: Ich denke an dich; es verweist auf Jesus, das Licht der Welt, das auch in Dunkelheit und Tod leuchtet – und so an das ewige Licht erinnert, das allen leuchtet, die auf Christus vertrauen.

Alpha und Omega ↗A und Ω

Altar, in allen Religionen erhöhte hl. Stätte aus Holz, Stein oder Metall, auf dem Gott Opfer dargebracht wurden bzw. werden. Im Christentum mit viereckiger Platte, als hl. Tisch des Mahles mit Christus; oft aber auch als Christus selbst, der ins Grab gelegt wurde. Darum der *Altarkuss* auf das Kreuz des Altarsteins, der die Reliquie eines Heiligen enthält, und die Beräucherung mit Weihrauch. Die steinerne *Altarmensa:* der Stein, den die Bauleute verwarfen und der zum Eckstein wurde. – Seit dem 4. Jh. Ort des Schutzes und der Zuflucht. Selbst die größten Verbrecher durften nicht in der Kirche, erst recht nicht am Altar, festgenommen werden; daran knüpft heutzutage die Asylgewährung in einer Kirche an.

Ambo, Lesepult (oft erhöht gebaut) aus Holz, Metall oder Stein, an dem während des Gottesdienstes die Lesungen vorgetragen und die Predigten gehalten werden.

Ameise, wie die Biene Symbol für Klugheit (= legt Wintervorräte an), Fleiß und organisiertes Gemeinschaftsleben. – Die A. ist geeignet, über die Schöpfung staunen zu lassen: Als „Polizei des Waldes" kann ein großes Volk – bis fünfhunderttausend! – im Umkreis von 100 Metern täglich ca. hunderttausend Schädlinge beseitigen; verbreitet Pflanzensamen und erhöht die Waldhonigernte.

Amethyst, weil dieser Halbedelstein die Farbe des bescheidenen Veilchens trägt, Sinnbild der Demut. Seine lila Farbe weist auch auf die Passion Christi hin; von daher beliebt als Material für Rosenkränze. Grundstein des himmlischen Jerusalems (Offb 21,20). – Modernes Symbol für die „Schatzsuche" in jedem Menschen wie im Reiche Gottes: von außen unscheinbar, das „dritte ↗ Auge" aber erkennt die verborgenen Schätze eines jeden Menschen wie auch den Abglanz der Herrlichkeit Gottes in unserer Welt. A. auch Symbol im Erstkommunionunterricht: das Kostbare im unscheinbaren Brot der Eucharistie mit den Augen des Glaubens sehen. ↗ Auster.

Andreaskreuz ↗ Kreuz

Angel, Sinnbild für Taufe (= einen Menschen ergreifen) und Apostolat (= die Aufgabe, Menschenfischer zu werden; Lk 5,10) und dabei unser Herz an die Angel hängen, um Menschen anzuziehen. – Die A. kann auch an die Geduld und das Bemühen des Anglers erinnern.

Anker, bietet einem Schiff im Sturm letzten Halt: Symbol für Hoffnung, Zuversicht, Heil; oft auch Sinnbild für Beständigkeit und Treue. Im frühen Christentum diente er bis Konstantin († 337) durch Einführung einer Querstange als verstecktes Kreuz (= Vertrauen auf Gott in den Stürmen der Verfolgung); oft mit Fisch(en) (= Christus und Eucharistie) auf Grabsteinen abgebildet (= Verstorbene, die sich dem Schutz des Kreuzes anvertrauen; Hebr 6,19).

Anlegepoller, in dem ein Kreuz erkennbar ist. Das Tau um dieses „Kreuz" sichert den Liegeplatz. (Symbol des 19. Ev. Kirchentages 1981 in Hamburg.)

Antenne: Wie die Informationen eines Satelliten im Weltall ohne Antenne nicht abrufbar sind, so bedarf es beim Menschen der „inneren Antennen" und wacher Sinne, bes. der Ohren und Augen als Wege zum Herzen. Je mehr seine „Antennen“ auf den „Sender“ (Gott, Jesus Christus ...) ausgerichtet sind, umso klarer das Bild und umso deutlicher der Ton.

Apfel, altes Symbol der Liebe, Fruchtbarkeit und Unsterblichkeit; roter Granatapfel = Hochzeitssymbol. Seine Kugelform versinnbildlicht die Erde und Ewigkeit; seine anlockende Farbe und Süßigkeit = Verlockungen der Welt (das lateinische „malum“ heißt „Apfel“ wie auch „Übel“): so als Symbol des Sündenfalles in der Hand von Eva oder Adam oder im Rachen der Schlange. Der A. auf dem Gabenteller zu Weihnachten oder am Weihnachtsbaum oder in der Hand Jesu bedeutet: Erlösung vom Sündenfall; manchmal auch Maria mit einem Apfel = neue Eva. – *Reichsapfel* in der Linken von Kaisern und Königen symbolisiert die Erdkugel, Weltherrschaft; in der Antike auf der Apfelkugel das Zeichen der Siegesgöttin Nike, bei christl. Herrschern das Kreuz.

Apostelkreuze: Zwölf Kreuze, die an die Weihe der Kirche und an die Apostel als „tragende Säulen“ der Kirche erinnern. In ihrer Nähe befinden sich die ➚ Apostelleuchter.

Apostelleuchter kennzeichnen die zwölf (oft gedachten) Säulen, die jede Kirche tragen: Sie erinnern an die Apostel, die auf dem „Fundament“ Christus die Kirche aufbauten. Die Kerzen an den Leuchtern brennen an hohen Festen, wie Allerheiligen oder Kirchweihe. In der Nähe des Leuchters befindet sich ein Kreuz ➚ Apostelkreuze.

Arche, Symbol der beschützenden Liebe Gottes. So rettet die Arche Noach mit allen Auserwählten aus der Sintflut; sie wird später auf die Taufe und die Kirche gedeutet, die uns über die stürmischen Wasser der Zeit in die Ewigkeit geleiten; sie wird auch auf Maria gedeutet, der Vermittlerin des Heils.

Ariadnefaden, ein Garnknäuel, das Theseus von Ariadne, der Tochter des Königs Minos, erhielt; er entrollte es in den Irrgängen, besiegte das Ungeheuer Minotaurus in der Mitte des Labyrinths und fand wieder heraus. Der „rote ➚ Faden“ gilt als Leitfaden, mit dessen Hilfe man die Übersicht in komplizierten Situationen behält. – Da das ➚ Labyrinth wieder vermehrt in der Verkündigung verwandt wird, kann hier der „rote Faden“ das Vertrauen auf Gott und die Liebe zum Nächsten symbolisieren, nicht zuletzt Jesus selbst als „der Weg, die Wahrheit und das Leben“ (Joh 14,6), der uns sicher durch das Labyrinth des Lebens führt.

Arm oder ➚ Hand, symbolisiert Kraft und Macht (Darstellungen von indischen Gottheiten oft mit vielen Armen). Arm, der aus dem „Himmel“ ins Bild greift = Gottvater. Der Arm bei Michelangelos „Erschaffung Adams“ ist Schöpfungsorgan. Erhobene Arme = Öffnen der Seele, Bitte um Gnade; auch Kapitulation. Erhobener Arm bedeutet im Sport die Aufgabe jeglicher Verteidigung.

Asche, Symbol der Vergänglichkeit und des Todes: „In Sack und Asche gehen". Yogis bedecken ihren Körper mit Asche (= Weltverzicht). Asche aus verbrannten Palmzweigen des Palmsonntags wird Katholiken am Aschermittwoch als Zeichen der Umkehr und Buße in Form eines Kreuzes aufgelegt mit den Worten: „Denk daran, dass du Staub bist und zum Staube zurückkehrst"; heute oft positiver ausgedrückt: „Kehr um und glaube an das Evangelium!", „Du bist Staub, aber das Kreuz ist stärker."
Sich Asche aufs Haupt streuen: Trauer. Zunehmend werden Leichen in Krematorien verbrannt, die Asche in kleinen Urnen bestattet oder auch „anonym" beerdigt oder auf See ausgestreut. – Asche kennt aber auch positive Bedeutungen: Sie wird als Dünger benutzt; dient für Reinigungsriten, weil nach der Verbrennung nur ein gereinigter Rückstand bleibt; bewahrt auf vereisten Wegen vor dem Sturz; diente dazu, Tische mattblank zu scheuern; bedeutet im Märchen „Aschenputtel" äußerer Schmutz und scheinbare Hässlichkeit, denn sie wird schließlich Königin. Im ↗ „Phönix aus der Asche" wird A. mit zum Auferstehungssymbol.

Äskulapstab, ein von einer ↗ Schlange umwundener Stab (= Lebensbaum), mit dem der griechische Gott der Heilkunst, Asklepios, dargestellt wurde. Symbol der Ärzte, Heilpraktiker und Apotheker; denn wohldosiert dient das Gift der Schlange als Heilmittel. Die Schlange am Stab ist Symbol der Auferstehung, weil sie sich jährlich häutet. – Diesem Sinnbild nahe kommt die eherne Schlange, die Mose an eine Signalstange hing: Wer sie anschaute, überstand den tödlichen Biss der Schlange (Num 21,4–9); wer auf den erhöhten Menschensohn am Kreuz schaut, wird gerettet (Joh 3,14).

Atem ↗ Luft, ↗ Wind

Atom: Wie die Planeten die Sonne, so umkreisen auf bestimmten Umlaufbahnen negativ geladene Elektronen den positiv geladenen Kern. Verliert der Kern seine Ladung, wird alles instabil und fällt auseinander. Sinnbild für den Menschen: Wenn sein Kern in der Liebe zu Gott, zu den Menschen und zu sich selbst stabil bleibt, können die Spannungen und Herausforderungen des Lebens (= Elektronen) nicht sein Innerstes zerstören. *

Auferstehungsblume, auch bekannt unter „Rose von Jericho": Dieses botanische Wunder kann Jahrtausende trocken liegen, um sich bei Berührung mit Wasser erneut zu entfalten. Modernes beliebtes Geschenk zur Taufe. *

Auferstehungssymbole. Auswahl(!): Osterlamm ↗ Lamm; ↗ Ei; Osterkerze ↗ Kerzen; Jonas' Befreiung aus dem

Wal; ↗ Pelikan, der mit seinem Blut die Jungen nährt; ↗ Phönix, der aus Leidensglut und Tod siegreich aufersteht; weggewälzter ↗ Stein als Symbol für das leere Grab; blühender Zweig; die drei jungen Männer im Feuerofen (Dan 3); ↗ Osterbaum; Osterbrot; ↗ Ostersymbole; ↗ Regenbogen (= der Neue Bund zwischen Himmel und Erde); Siegesfahne ↗ Fahne; ↗ Sonne, ↗ Spaten, mit dem Gräben zugeschüttet werden; ↗ Wasser (= Wiedergeburt aus der Taufe); ↗ Osterwasser; ↗ Weizenähre; Adler, der eine Schlange oder einen Fisch in seinen Fängen hält; römischer ↗ Brunnen; ↗ Labyrinth mit Rosen; ↗ Lebensbaum; ↗ Mond.

Auge, Spiegel der Seele, Symbol der göttlichen Allwissenheit, der Wachsamkeit und der behütenden Allgegenwart Gottes. Ein strahlendes Auge in einem Dreieck, das „Auge Gottes" = Gottvater in der Dreifaltigkeit, bes. ab dem 18. Jh. in Kirchen beliebt, der wie ein sorgendes Elternteil sein noch zu schützendes Kind nicht aus dem Auge lässt. Ein Auge in der Hand Gottes = schaffende göttliche Weisheit; ein Auge auf den Flügeln der Cherubim und Seraphim = durchdringende Erkenntnisfähigkeit. Das *„dritte Auge"* (Begriff aus dem Buddhismus) = Symbol der inneren Schau; das Auge, das mehr sieht als die Wirklichkeit = das „Auge des Herzens", das „nur mit dem Herzen gut sieht" (A. de Saint-Exupéry, Der Kleine Prinz).

Aureole, ein die ganze Gestalt (von Jesus und Maria) umgebender, heller

Strahlenkranz des göttlichen Lichtes (im Gegensatz zum Heiligenschein, der nicht vom ganzen Körper ausgeht), meist – dem Körper angeglichen – in mandelförmiger Ausstrahlung = ↗ Mandorla. (Dagegen zeigt die Aura Lebenskraft an, keine Heiligkeit.)

Auster, nach außen eher unscheinbar, ja, mit rauer, kantiger Schale, kann innen eine kostbare Perle bilden: gut geeignetes Sinnbild für unscheinbare Menschen, deren innere „Perle" leicht übersehen wird. (Wie die Perle entsteht ↗ Perle)*. Ähnlich ↗ Amethyst.

Auto, Statussymbol für Millionen Menschen, die es fast abgöttisch hegen und pflegen und dabei gerne die Nachteile übersehen, wie Verkehrstote, Abgase, Lärmbelästigung, Einschränkung des Freiraums für Kinder und alte Menschen. Auf den ersten Blick kein christl. Symbol, bietet aber viele Vergleichspunkte für Katechese und Predigt: Die

Autobatterie muss wie unser Glaube regelmäßig gewartet werden*; eine *Autokarte* zeigt mir wie die Bibel/das Wort Gottes den rechten Weg, z.B. in den schnurgeraden Autobahnen, für die Hügel abgetragen und Mulden aufgefüllt wurden – sogar ein Beispiel für den Auftrag Johannes d. Täufers: „Bereitet dem Herrn den Weg!" (Lk 3,4f); das *Lenkrad* ist mit dem Willen des Menschen vergleichbar, der all die angeborenen Kräfte steuern muss; *Räder mit Profil* sorgen für genügend Bodenhaftung: Heilige sind „Christen mit Profil"; der kleine *Zündschlüssel* kann so viel bewirken – wie Gottes Wort; ein Autoschlüssel ist auch Symbol der Freiheit, *mit der Christophorusplakette* daran, zeigt er, dass schnelle Autos nur nützen, wenn ich die Richtung kenne: Christophorus zeigte die Richtung im Dienst am Menschen, in denen er Christus begegnete; *Autoscooter* oder Busse mit Drahtbügel fahren nur, wenn die Verbindung „nach oben" bleibt; *Sprit* (= spiritus, Geist, Kraft) tanken. ↗ *SOS-Plakette*. – *Benzinkanister*, gefüllt mit „Sprit": Gleichnis für Antriebskraft.

Axt, Symbol der Zerstörung, ist bereits an die Wurzel der Bäume (= Menschen) gelegt (Mt 3,10). Als positives Sinnbild kann der ↗ Spaten dagegengesetzt werden.

B

Babel (= Babylon), Stadt am Euphrat; in der Bibel wegen der Babylonischen Gefangenschaft der Juden von 597–587 v. Chr. negativ gefärbt: Sitz der antichristl. Kräfte; auch auf das lasterhafte Rom gedeutet. Gegenteil des himml. Jerusalems. – Der *Turmbau zu Babel* (Gen 11) mit seiner Sprachenverwirrung findet sein Gegenstück im Sprachenwunder am Pfingstfest (Apg 2); er gilt als Symbol einer maßlos hochmütigen Menschheit, die sich vergeblich bemüht, die von Gott gesetzten Grenzen zu überschreiten. ↗ Turm. – Die *Hure von Babylon* ist in Scharlach und Purpur gekleidet und hält einen goldenen Becher voller Gräuel (mit dem Blut der Heiligen) in der Hand.

Babuschka, russische Puppe, auch Matrjoschka (= Mütterchen) genannt, in der sich bis zu zehn gleich aussehende, doch immer kleiner werdende Puppen befinden: Modernes Symbol für die Vielschichtigkeit im Menschen, in dem gleichzeitig Engel und Teufel, Asket und Draufgänger, Weichling und Macho, Wolf und Lamm, Clown und Trauriger, Mauerblümchen und Vulkan, Hexe und Zauberer, Mörder und Opfer ... stecken können.*

Baldachin, „Traghimmel" (= Schutz und Ehrendach bei der Fronleichnamsprozession) für die Monstranz; auch Bezeichnung für einen reich verzierten Überbau als Prunkdecke von Altären, Tabernakeln, Statuen (z.B. Maria, bes. verehrte Heilige), Kanzeln, Thronen und Grabmälern. Auch Sinnbild für das himml. Jerusalem.*

Ball, weil ohne Anfang und Ende, Oben und Unten, Vorne und Hinten, Rechts und Links: Symbol des Ewigen, Göttlichen. Abbild der ↗ Kugel, der Weltkugel, des Reichsapfels ↗ Apfel. – Früher nach dem Ostergottesdienst rituelle Tanzfiguren in ↗ Labyrinthen der Kirchen, bei denen sich Tänzer einen Ball zuwarfen als Zeichen der Freude über die „Ostersonne" Christus, die alle Finsternis überwunden hat. – Der B. gilt als ältestes Spielzeug.

Ballon ↗ Heißluftballon

Bambus, gespalten dient er als Rinne für Wasser: Zeichen der Hingabe, weil er sich ganz zerschlagen lässt, um dem Wasser zu dienen.

Band, *1.* Symbol der Liebe, das alles zusammenhält (Kol 3,14); bei der kath. Trauung in Form einer ↗ Stola um die Hände von Braut und Bräutigam gelegt, bedeutet es eine in Freiheit eingegangene lebenslange Verbindung. – *2.* Zeichen der Einheit: mit Hilfe eines Bandes werden z.B. verschiedene Blumen zum Strauß zusammengebunden. – *3.* Sinnbild herrscherlicher und richterlicher Gewalt, zu binden und zu lösen. – Das *blaue* Linienband beim Marathonlauf zeigt die Ideallinie an – deutbar auf Jesus als *dem* Weg (Joh 14,6), dem ich vertrauensvoll (= blau) folgen darf.* – Ein *weißes* Band = Lebensfaden – wie bei Maria, der „Knotenlöserin", in St. Peter am Perlach, D-86150 Augsburg *. ↗ Blindenbinde.

Barbarazweige, Kirsch- oder Pflaumenbaumzweige, die am 4. Dezember, dem Fest der hl. Barbara, ins Wasser gestellt werden und bis Weihnachten aufblühen = neues Leben bricht durch die Geburt Jesu aus der Todesstarre hervor. Der Legende nach verfing sich im Gewand der Heiligen auf dem Weg zum Gefängnis ein Kirschzweig, den sie in einen Krug mit Wasser steckte und der am Tage ihres Martyriums (306 n. Chr.) aufblühte.*

Batterie ↗ Auto

Baum, universales Symbol in allen Weltreligionen. Oftmals als heiliger Weltenbaum Himmel und Erde verbindend, wird er zur Brücke zwischen Gott und den Menschen, was auch in einem Tempelturm aus Stein nachempfunden ist. – *1.* Der Baum ist Sinnbild für den Menschen: Wie dieser ist er verwurzelt im irdischen Leben, senkrecht aufgerichtet und dem Himmel zugewandt; aus seinem Holz erbaut er sich das Haus, die Wiege und den Sarg. Der Schatten des Baumes birgt vor Sonnenglut, sein Blätterkleid schützt vor Sturm und Regen, seine Wurzeln halten den Grundwasserspiegel. Fruchtbare und unfruchtbare Bäume sind in der Bibel Anspielung auf gute und böse Menschen. – *2.* Der *Laubbaum,* der jährlich seine Blätter verliert und wieder neu knospen lässt, ist Symbol der Wiedergeburt des Lebens. – *3.* Der *immergrüne Nadelbaum* ist Sinnbild der Unsterblichkeit und des wiederkommenden Christus (= Weihnachtsbaum). – *4. Ein abgestorbener Baum* versinnbildlicht die Folgen der Umweltsünden und den Tod. – *5.* In der Bibel bedeutet der Baum mit Adam und Eva darunter und der Schlange darin: *Baum der Erkenntnis* von gut und böse; oft mit verlockenden Früchten als Reiz, die göttlichen Gebote zu übertreten. – *6.* Der *Jessebaum* ist ein *Baumstumpf,* daran schlafend Jesse (= Isai), der Vater des Königs David. Ein Reis wächst aus dem Stumpf heraus zum neuen Stammbaum, in dessen Ästen die Ahnen Jesu stehen; ganz oben Maria, Josef und das Jesuskind aus dem Geschlechte Davids. – *7.* Der *Lebensbaum,* oft mit dem Kreuz zur Einheit verschmolzen, zeigt die kommende Paradiesesfülle; darum auch auf Grabsteinen. Ihm nahe kommt das *Baumkreuz* = ein Kreuz, das wieder neu ausschlägt („von einem Baum kam der Tod, von einem Baum sollte neues Leben entstehen" = aus der Präfation vom Fest Kreuzerhöhung) und uns in Christus das Paradies zurückgeschenkt hat. So ist auch ein Baum das Attribut von Christophorus, der nach der Begegnung mit Jesus eingepflanzt wird, neu ausschlägt und Früchte bringt.

Baumscheibe, Symbol für den Menschen, der seine fruchtbaren und trockenen „Ringe" (= Jahre) um die „Mitte" (= Liebe, Gott) legt.*

Becher ↗ Kelch

Begrenzungspfahl, der in der Nacht und besonders bei Nebel und Schnee eine schnelle Orientierung ermöglicht und das Abkommen von der Fahrbahn verhindern soll. Modernes Symbol für die Zehn Gebote und besonders das Hauptgebot, die den Menschen sicher auf dem „Weg des Lebens" zum Ziel führen. Ähnlich ↗ Boje, ↗ Leitplanke.

Benzinkanister ↗ Auto

Berg, universales Symbol aller Weltreligionen. Wegen der bis in die Wolken ragenden Höhe Gleichnis für die unsichtbare Majestät Gottes. Darum gibt es in vielen Ländern „heilige Berge" (z.B. Olymp, Fudschijama), Sinnbild der Verbindung zwischen Himmel und Erde sowie des geistigen Aufstiegs des Menschen. Viele bedeutsame Ereignisse auf Bergen auch in der Bibel: Mose empfängt auf dem Sinai die Gesetzestafeln, der Bau des Tempels in Jerusalem auf dem Berg Zion, Jesus verkündet sein Programm in der Bergpredigt, er wird auf dem Berg Tabor verklärt, stirbt auf dem Kalvarienberg, fährt vom Ölberg aus in den Himmel auf. Am Ende wird der „Gottesberg" höher sein als andere Berge (Mi 4,1).

Bergschuhe, wegen des festen Haltes um die Knöchel und dem ausgeprägten Profil der Sohle: Sinnbild für einen sicheren Schritt und das „Profil" eines Christen mit gediegener Glaubensbildung.*

Bergsteigerseil, modernes Symbol für eine gute Gemeinschaft, weil der Schwächste das Maß setzen darf, alle bedingungslos aufeinander angewiesen sind und in großer Gefahr einander vertrauend die Angst im Fels und an Abgründen überwinden können. Auch die Freude über das Erreichte am Gipfel bewirkt ein tiefes Gemeinschaftsgefühl.*

Bernstein, versteinertes Harz, über 35 Mill. Jahre alt. Um es zum Schmuckstück zu machen, wird es in heißem Öl „klargekocht"; dabei werden auch Einschlüsse sichtbar. Anschließend wird es in einer achteckigen Läuterungstrommel poliert und schließlich geschliffen. Ein modernes Symbol für die Läuterung des Menschen, der die Herausforderungen des Lebens annehmen muss, um zum „Juwel“ zu werden.*

Beschneidung, im Judentum Symbol des Bundes mit Gott, erfolgt am achten Tag nach der Geburt eines Knaben durch Abtrennen der Vorhaut am männlichen Glied. In der Urkirche wurde nach langen Debatten (führte zum ersten Konzil, Apg 15) beschlossen: Einer, der getauft werden will, muss nicht vorher beschnitten werden.

Besen, wurde zur symbolischen Reinigung des Tempels verwendet; steht für häusliche Dienstarbeit (darum Attribut der hl. Marta, vgl. Lk 10,40) und überhaupt für die Haltung des Dienens.*

Beutel: Attribut beim Verräter Judas (mit 30 Silberlingen); beim Apostel Matthias (= ehem. Zöllner); bei Geizigen (um den Hals gehängt); beim hl. Nikolaus (mit drei goldenen Kugeln für die drei armen Mädchen).

Biene, Symbol für Fleiß, Reinheit und einen mustergültig organisierten „Staat“. Besonders der hl. Ambrosius verglich den Bienenkorb mit der Kirche und die Christen mit treuen und fleißig arbeitenden Bienen. – Ausgezeichnetes Symbol, über die Natur staunen zu lassen: Eine Biene legt für ein Pfund Honig (= drei Pfund Nektar) ca. 120 000 Flugkilometer zurück (= dreimal um die Erde); ca. 50 000 Bienen gehen im Sommer in einem Stock ihren je verschiedenen Aufgaben nach; als „soziales“ Insekt informiert es alle genau über die Lage einer Trachtquelle durch einen Schwänzeltanz. – Früher wurde dem Täufling etwas Honig auf die Zunge geträufelt, d.h. nimm das „süße“ Wort und Brot Jesu auf (↗ Manna schmeckt süß wie Honigkuchen).* – Auch Symbol für Maria, von der „alles Süße kommt“.

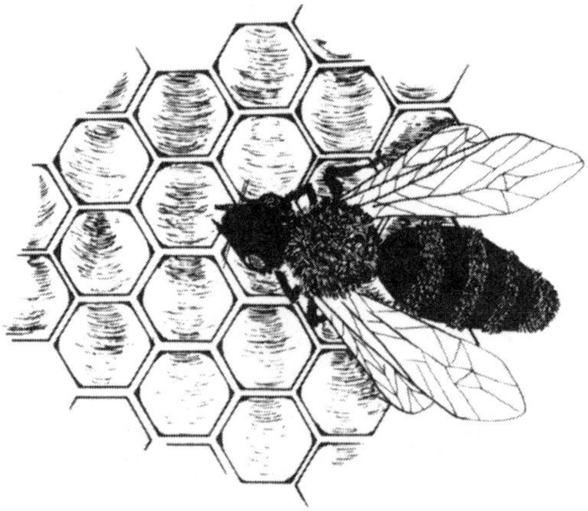

Bildstock, in Süddeutschland auch „Marterl“ (= etwas Schlimmes, ein „Martyrium“ geschah an dieser Stelle) genannt, ist ein hölzernes oder steinernes Bekenntnis des ungebrochenen Gottvertrauens der „Volksseele“. Ein B. erinnert an fremdes oder eigenes Sterben und kommt so einem Wegweiser zur Ewigkeit gleich. Heute oft „nur“ ein Kreuz mit Blumen am Wegrand, das eine Unglücksstelle in den Bergen (Blitzschlag, Absturz) oder an Straßen anzeigt.

Bischofsring ↗ Ring

Bischofsstab ↗ Stab.

Blasinstrumente, wie Flöte, Posaune, Orgel ...: erst die/der ↗ Luft/Wind (= Hl. Geist) bringt den Ton hervor; die

Spielfähigkeit der Hände des Menschen können ihn entfalten, die Musikalität und Reife der Persönlichkeit des Menschen ihm Ausdruckskraft verleihen, sodass er „zu Herzen geht".

Blatt, *1.* Symbol für den Pflanzenbereich. Ein *Dreiblatt* symbolisiert die Dreifaltigkeit und die Kirche: Irische Katholiken schmücken am 17. März, dem St. Patrick-Tag, ihre Wohnungen mit Kleebüschen, die an die Predigt dieses großen Glaubensboten († 461) zur hl. Dreifaltigkeit erinnern; ein *Vierblatt* versinnbildlicht das Kreuz, die vier Evangelien, die vier Kardinaltugenden; ein *Siebenblatt* = die sieben Gaben des Hl. Geistes. *Feigenblatt* = Schamhaftigkeit. Zu Boden fallendes *welkes Blatt* = Vergänglichkeit. – *2. Leeres Papierblatt* im ↗ Buch des Lebens = leere Hände. – *3.* In neuerer Zeit: *Blätter am Kreuz,* auch als Hände = Lebensbaum/Baumkreuz ↗ Baum. Mit dem Stamm verbunden ist das B. lebensfähig (Weinstock–Reben), umgekehrt: Christus, der Stamm, braucht auch unsere „Hände". – *4.* Symbol für Leben: verbrauchte Luft wird mit neuem Sauerstoff angereichert. – *5. Umweltschutz:* Reißt man im Vorbeigehen gedankenlos ein Blatt von einem Strauch, „fehlt ihm ein Atemzug".

Blau, Farbe der Tiefe des Himmels und des Himmlischen, der Gegenwart Gottes (wie beim Maler Chagall), der gehobenen Position der Herrscher (= blaues Blut, königsblau, das „blaue" Zimmer auf Schlössern), des Traumes, der Vision, des Phantastischen („blaue Blume" = Sehnsucht), aber auch der Weite des Meeres. Weiterhin Farbe des Glaubens und Vertrauens, der Treue, der Wahrheit und des Männlichen. (↗ Rot dagegen mehr irdisch, gefühlsmäßig, weiblich, Liebe.) Oft ist das Untergewand Christi blau, das darübergelegte Obergewand meist rot. Blau auch die Mantelfarbe bei Mariendarstellungen: Maria, die ganz auf Gott vertraute. (Bei blauweiß kommt weiß = die Unschuld, Reinheit, Jungfräulichkeit hinzu – so wie Berge aus der Ferne, der nicht berührbaren Distanz, blau wirken.)

Blindenbinde, Symbol für geistige und geistliche Blindheit: das Nicht-Sehen. Eine Frau mit verbundenen Augen bedeutet die Synagoge, die im Gegensatz zur Kirche als geistig blind dargestellt wurde; abgenommene Binde: Sinnbild der Taufe, die dem seelisch Blinden das innere Licht der Gnade verleiht. (Negativ: Das „Glück", Fortuna, verteilt wahllos die Gaben. Positiv: die irdische Gerechtigkeit „Justitia" soll ohne Ansehen der Person richten.)

Blinkleuchte oder Warnlicht signalisiert „Vorsicht!", „Orientiere dich", ↗ Leuchtturm, „Stopp" (Bahnübergang). Blinklichter im übertragenen Sinne: Schmerzen als Warnsignale des Körpers, das Gewissen, Organisationen wie Greenpeace oder Amnesty International (ai), Heilige und heiligmäßige Menschen (= Leuchttürme in ihrer Zeit).*

Blitz und Donner: Das Zucken des Blitzes und Grollen des Donners sind Symbole und mahnende Zeichen für das himmlische Strafgericht.

Blitzableiter, ein Stück Draht, das vernichtende Blitze schadenfrei in die Erde leitet – Gleichnis für Feuerwehr, Ärzte, Mütter, heiligmäßige Menschen, Heilige (bes. Maria, s. GL 595: „… bis alle Stürm' vorübergehen"); Jesus am Kreuz; aber auch Hagel- und Wegkreuze, die vor Bösem bewahren mögen.*

Blume(n), Spiegelbild für himmlische Seligkeit; auf frühchristl. Gräbern, um an den blühenden Paradiesgarten zu erinnern. Wegen der sonnenartigen Anordnung der Blütenblätter Gleichnis für die Sonne. *Blumenkranz:* Symbol der Freude, des Lebens, des Weiterlebens. *Weiße B.:* Tod, Unschuld. *Rote B.:* Liebe, Hingabe des Blutes. *Blaue B.:* Traum, Sehnsucht, Geheimnis, Treue. *Gelbe B.:* Sonne. – Viele B. deuten auf Maria und über sie hinaus auf Christus: ↗ Veilchen, ↗ Schlüsselblume, ↗ Erdbeere, ↗ Iris = Schwertlilie, ↗ Pfingstrose = Rose ohne Dornen, ↗ Maiglöckchen, ↗ Christrose, weiße und rote ↗ Rosen als Königin der B., ↗ Lilie. ↗ *Auferstehungsblume* = Rose von Jericho. *Blumenzwiebel:* Symbol für AT = Verheißung, die im NT zur Blüte kommt; die Frucht weist auf die Zeit der Erfüllung, der Wiederkunft Christi. *Blumenstrauß* ↗ Strauß.

Blut, Sitz der Lebenskraft und der Seele; daher ist für die Zeugen Jehovas eine Transfusion fremden Blutes verboten. Blutige Menschenopfer = Ritualmorde sollten Gott versöhnlich stimmen. *Blut Christi* (= sühnende und erlösende Kraft), das in den Kelch fließt, der von einem Engel oder der personifizierten Kirche (= ecclesia) gehalten wird. – Wer seine Kleider im Blute des Lammes weißgewaschen hat, darf ins ewige Leben (Offb 7,14).

Blüte ↗ Blume

Bogen (mit Pfeil), Jagd- und Kriegswaffe, modern als Gleichnis für Spannkraft im Leben. Der römische Liebesgott Amor wird mit Pfeil und Bogen dargestellt. – Der „Tod" als Skelett mit Pfeil und Bogen ist Symbol für den drohenden Tod.

Boje(n), zeigt Schiffen den ungefährlichen Fahrweg an. Modernes Zeichen für die Zehn Gebote und das Hauptgebot, die den Menschen nicht einengen, sondern auf dem richtigen Weg leiten möchten und vor Gefahren schützen. Ähnlich ↗ Begrenzungspfahl, ↗ Leitplanke.

Boot, Symbol für Geborgenheit und Gemeinschaft: „alle in einem Boot". ↗ Kahn, ↗ Schiff.

Brautkleid ↗ Albe

Brennglas oder ↗ Lupe ermöglicht Sonnenstrahlen zu bündeln, um Feuer zu entfachen. Modernes Sinnbild für den Christen, die Geschenke Gottes in dieser Welt einzubringen, um sie „in Brand" zu setzen (Lk 12,49). Damit es gelingt, muss das saubere Brennglas gezielt, ruhig und ausreichend lange auf geeignetes Material gehalten werden.*

Brief(umschlag), erinnert an die 21 Briefe im NT (mit 27 „Büchern"); wie die Apostel Post-Boten waren, sind auch wir ein Brief Christi (2 Kor 3,3); diese Botschaft muss Herzenssache sein. Wichtigste Botschaft: Wir sind von Gott geliebt (Kol 3,12). *

Brille, gutes Symbol, die „Sichtweise" eines Menschen aufzuzeigen: schwarze Gläser (Gegenwart und Zukunft schwarz sehen), rote (zu schnell „rot" sehen, aufgebracht sein), gelbe (neidisch sein), rosarote (positiv naiv); darum die *bifokale Brille* benutzen: mit der unteren Hälfte den Nahbereich klar und mit Liebe sehen = Natur und Menschen; mit der oberen Hälfte (= gute Fernsicht) die Ewigkeit im Blick behalten. *Rote Herzbrille* (die Augengläser als Herzen geformt = lieben), grüne Gläser (= hoffnungsvoll), violette (= versöhnlich, wohlwollend), weiße (= unser Leben als Fest).*

Brot, universales Symbol aller Weltreligionen für Nahrung. Redewendung „bei Wasser und Brot" bedeutet: gerade genug zum Überleben haben (früher auf Eingekerkerte gedeutet). Gebrochenes Brot = Teilen. Brot und Rosen = mit Liebe teilen. Brot (auch Ähre) und Wein (auch Traube oder Kelch): Zeichen für die Eucharistie als Leib und Blut Christi. B. ist wie die Traube treffendes Symbol für Tod und Auferstehung, denn vom Samenkorn zur Ähre, vom Zermahlungsprozess zum Brot und zum „lebendigen" Brot auf dem Altar durchläuft dieses Symbol wiederholt den Prozess vom Vergehen, Verwandeln und Auferstehen. B. auf Grabsteinen = Teilnahme am himmlischen Hochzeitsmahl. B. oft mit eingeschnittenem Kreuz, steht für ↗ Manna, Himmelsbrot, ↗ Hostie = für Christus als Brot des Lebens (Joh 6,35). *Brothostie,* doppelt so dick wie eine Hostie und im Geschmack normalem Brote näher kommend. – Vor dem Anschneiden eines Brotes wird manchmal mit dem Messer ein Kreuz als Segen aufgezeichnet. – Brot und ↗ Salz; ↗ Sauerteig.

Brücke, verbindet Entgegengesetztes oder Getrenntes, somit Symbol der Verbindung oder Vermittlung, ermöglicht Gemeinschaft und gegenseitige Hilfe. – „Diese Welt ist eine Brücke; geh hinüber, aber bau auf ihr nicht deine Wohnung!" (vom Islam dem „Propheten" Jesus in den Mund gelegt). Im Islam gehen die Seelen der Verstorbenen über eine Brücke, die zuletzt schmäler als eine Schwertklinge wird: Die Verdammten stürzen in die reißende Flut, die Gerechten gelangen je nach Verdienst langsam oder schneller ins Paradies. – Brücke zur Ewigkeit mit den drei Pfeilern Glaube, Hoffnung, Liebe. *Luftbrücke:* Hilfe durch Flugzeuge in Katastrophengebiete (z.B. Berliner Luftbrücke 1948/49); Verbindungen auch durch geistliche Luftbrücken im Gebet. ↗ Regenbogen.

Brunnen, oft mit vielen Verzierungen. Symbol für Erfrischung, Reinigung, Segen, Weitergeben; steht häufig genau in der Stadtmitte (z.B. Mariensäule vor dem Rathaus in München). Im Märchen: Zugang zu verborgenen Quellen und zum Geheimnis; oft müssen diese Wasserquellen erst freigelegt werden. *Jungbrunnen:* Quelle jugendlicher Kraft; *Kindlesbrunnen:* vorgeburtlicher Aufenthaltsort. – Gott ist die Quelle des Lebens; in Jesus, dem „lebendigen Wasser" (Joh 4,10), entspringt diese Quelle aus seiner Seitenwunde. ↗ *Taufbrunnen* oder -becken: Quelle der „Wiedergeburt" (Joh 3,5) Taufe. – Aus dem Brunnen der Kirche, die das Wasser aus der Seitenwunde Christi auffängt, fließt in sieben Strömen das Heil der Sakramente. – Der *römische Brunnen**, bei dem das Wasser von Schale zu Schale herabläuft, ist modernes Bild für das Wort Gottes, das weitergegeben sein will, um im Empfangen und Geben alle Welt zu erfrischen, zu reinigen und zu heilen.

Buch, Buchrolle: Symbol des Wissens und der Weisheit, der Gebote und der Glaubenslehre. – *Buch von Löwen gehalten:* Macht des Wissens. – *Heiliges Buch:* Bibel. – *Buch des Lebens* mit den Namen der Auserwählten: Ausdruck des Gerettetseins (Offb 20,12 u. 21,27), in der linken Hand des thronenden Christus und mit den Buchstaben A und Ω, Alpha und Omega, oder „Ich bin das Licht" oder „Ich bin der Weg, die Wahrheit und das Leben." – *Buch mit sieben Siegeln:* mit Geheimnissen der ganzen Welt. – *Essen eines Buches:* Aufnahme des göttlichen Wortes ins Herz; zuerst schmeckt es süß = erfreut, dann wird es bitter = Bürde. – Attribut bei Evangelisten, Aposteln und Kirchenlehrern oder Heiligen wie Katharina v. Alexandrien oder Antonius von Padua. – Maria mit geöffnetem B.: Sie hat empfangen.

Buchsbaum: Symbol der Unsterblichkeit, weil immer grün. In vielen Gegenden zum Heil- und Siegeszeichen am Palmsonntag als „Palmzweig" benutzt, der verbrannt als Asche fürs Aschenkreuz dient.

Buchstaben sind in verschiedenen Kulturen mit bes. Bedeutungen belegt; im christl. Bereich ↗ A und Ω bzw. Alpha und Omega (= Gesamtheit aller griech. Buchstaben) als Symbol für die Vollendung – auf Osterkerze, Gewändern, Grabstätten abgebildet …

Bundeslade, tragbares ↗ Zelt der Israeliten, Zeichen göttlicher Gegenwart; darin (nach Hebr 9,4) die beiden steinernen Tafeln mit den Zehn Geboten (= Zeichen des Bundes mit Gott), der grünende Stab Aarons und ein Krug mit ↗ Manna (beides Symbole des Lebens). Sie ging im Zuge der Verschleppung in die Babylonische Gefangenschaft verloren. Die B. ist Sinnbild für die kommende Vollendung (Offb 11,19).

Burg, Symbol für Schutz, Sicherheit vor bösen Mächten, für Zuflucht in Gott und im Glauben. Das himml. Jerusalem wird manchmal als starke Festung dargestellt.

Büroklammer, hält zusammen, was zusammengehören soll; die große Schleife aus dünnem Draht „umarmt“ dabei die kleine; modernes Symbol für die feste Beziehung des Kindes zu Eltern und des Menschen zu Gott. Diese Bindung erleichtert das Hineinwachsen in Reife, Verantwortung, Freiheit und Vertrauen (= Glauben). Auch die „Festhalte-Therapie“ (= Festhalten in Liebe) führt zur Erleichterung, wenn dabei der Schmerz herausgeschrien wird.*

Busch ↗ Dornbusch

C

Chamäleon: Weil es je nach Umgebung seine Farbe wechseln kann, gilt es als Symbol für Falschheit und Unbeständigkeit.

Cherub (Mz. Cherubim) wie der Seraph (Mz. Seraphim) halb tier-, halb menschenähnliches Geistwesen mit vielen Flügeln (2 bis 6) und Augen: Er stellt das Nahen oder die Anwesenheit Gottes dar, ist z.B. eingesetzt als Wächter des Paradieses, als Träger des göttlichen Thrones (mit vierfachem Antlitz: das eines Menschen, Löwen, Stieres und Adlers = die Symbole der vier Evangelisten) und als Hüter der ➚ Bundeslade, ➚ Engel.

Chrisam, Öl für rituelle Salbungen, aus duftendem Olivenöl und wohlriechendem Balsam zusammengesetzt; gilt als Zeichen der Königswürde; Gründonnerstag wird es vom Bischof geweiht und findet bei der Taufe, Firmung und Priesterweihe bes. in der kath. Kirche Verwendung.

Christbaum, geschmückter Nadelbaum zum Weihnachtsfest (als Lebensbaum ➚ Baum), der auf den Adventskranz folgt. Volksbrauch seit dem 19. Jh.; Sinnbild der Hoffnung, weil er die Botschaft vom Leben mitten in der „Welt des Todes" anzeigt. Nach dem ersten Kommen Christi in der Armut der Krippe versinnbildlicht er den in Herrlichkeit wiederkommenden Christus. Der Christbaumschmuck sagt viel darüber aus: ➚ Kerzen (= Licht der Welt); Äpfel (= an sich Symbol des Sündenfalls, aber in Christus steht jetzt das Paradies wieder offen); bunte Glaskugeln (➚ Ball, ➚ Kugel); ➚ Lametta; Nüsse ➚ Nuss; an der Baumspitze ein Stern (= ➚ Sonne); ➚ Sterne aus Stroh (= das Kind kommt für alle in Armut); Schmuckketten ➚ Kette (= von den ➚ Fesseln des Bösen befreit).*

Christrose: Nach einer Legende wuchs sie überall dort, wo die Strahlen des Sterns von Bethlehem die Erde berührten. Eine Pflanze mit großer, weißer Blüte und dunkelgrünen (= Hoffnung) Blättern. Die Ch. blüht um Weihnachten auch bei Eis und Schnee (= Unmögliches wird möglich – so wie Gott in Jesus Mensch wurde). Ihr Wurzelsaft enthält ein bei Schlangenbissen heilsames Gift, was eine Beziehung zu Gen 3,15 zulässt, in dem Gott zur Schlange spricht: „Feindschaft setze ich zwischen dich und die Frau …"

Christussymbole: Das ↗ Kreuz in vielen Variationen. – ☧, zusammengesetzt aus x (= griech. Buchstabe Chi) und P (= Rho), oft mit ↗ Alpha und ↗ Omega versehen, auch mit Sonne und Mond (= bei der Kreuzigung verdunkelte sich die Sonne und der Mond erschien). – IHS = die drei ersten Buchstaben des griech. Namens von Jesus; im Volksmund: **J**esus – **H**eiland – **S**eligmacher. – Von Pfeilen durchbohrtes „brennendes“ Herz (= Herz Jesu), oft umgeben von einer Dornenkrone oder den Kreuznägeln. – Als Pantokrator (= Allherrscher) auf dem Thron; mit zweischneidigem Schwert im Mund (= sein Wort richtet die Menschen). – Als Kind auf dem Schoß oder in den Armen Marias. – Gesicht Jesu auf dem ↗ Schweißtuch der Veronika. – Als (nur eine Auswahl!:) ↗ Sonne, ↗ Hirt, ↗ Lamm, ↗ Adler, ↗ Phönix, ↗ Fisch, ↗ Pelikan, ↗ Hand, ↗ Brot, ↗ Perle, ↗ Walnuss, ↗ Kerze.

Clown: Seine Kleidung passt ihm nicht, sie ist viel zu groß oder zu klein, ungewöhnlich gemustert in knalligen Farben, er wirkt komisch und unangepasst; trotzdem verliert er nie seine Fröhlichkeit; meistens ist er der Dumme, aber zuletzt hat er das Lachen auf seiner Seite; er fällt oft hin, steht aber immer wieder auf; er kennt die Traurigkeit, kann aber lachen, auch wenn sein Herz weint. Von diesen Eigenschaften her in der Kunst auf Christus übertragen: Der Maler Rouault nagelt Christus im Clownsgewand ans Kreuz; Heinrich Böll schrieb „Ansichten eines Clowns“; der Film „Parabel“: Jesus endet tragisch als Zirkusclown; das Musical „Godspell“: Jesus als Clown u.a.*

D

Davidsstern, als Hexagramm aus zwei gleichseitigen Dreiecken zusammengesetzt; er soll die Siebentagewoche versinnbildlichen, wobei der Sabbat unsichtbar, aber sinnstiftend in den sechs Arbeitstagen liegt. Als Siegel Salomos weit verbreitetes Symbol bei Juden (Christen und Muslims). ↗ Sechs.

Delphin: Schon in vorchristl. Zeit als Lieblings„fisch“ (richtig: Meeressäugetier) bei den Griechen geschätzt wegen seiner Geschicklichkeit, fast menschenartigen Klugheit, seiner Zutraulichkeit Menschen gegenüber; vor allem aber als Retter von ins Meer gestürzten Menschen, die er auf dem Rücken ans Ufer brachte. So schließlich Symbol des Heilbringers, der die Toten über das große Wasser zur Insel der Seligen bringen soll. Von hier problemlos auf den Retter Christus übertragen, der die Verstorbenen in die Ewigkeit geleitet. Gelegentlich auf Sarkophagen, Fresken, Lampen und Schalen der ersten Jhe. zusammen mit einem Kreuz, ↗ Anker oder Dreizahn dargestellt; später aber vom Symbol ↗ Fisch abgelöst. – Modern z.B. als Logo des 93. Katholikentages in Mainz 1998, auch auf die Lebensfreude des Christen übertragen, der mit dem Schwung eines Delphins die Hindernisse nimmt, aber auch auf die Geselligkeit des Delphins, der in Gemeinschaft (= Kirche) seine besten Fähigkeiten entwickeln kann. – In unseren Tagen gewinnt der D. in der erfolgreichen Therapie von Behinderten besondere Bedeutung.*

Diamant, entsteht, wenn Kohle unter ungeheurem Druck steht; modernes Symbol für den „Roh-Diamanten“ Mensch, der unter dem Druck von Prüfungen und in leidvollen Prozessen gefestigt wird und seinen besonderen Schliff bekommt, sodass er Schönheit und Güte widerstrahlen kann.*

Distel: Wegen ihrer Stacheln Symbol für Mühsal, Schmerz und Leid (der Vertreibung aus dem Paradies, der Märtyrer und Christi), daraus kann aber Gutes erwachsen; deshalb auch zugleich Erlösungssymbol wie Dorn, ↗ Dornbusch und ↗ Ginster.

Dominosteine, in entsprechendem Abstand hintereinander aufgebaut, können gleichnishaft aufzeigen, wie ein Anstoß weiterwirkt (so auch das Pfingstereignis): die erste Kraft überträgt sich auf die anderen Steine.

Donner und Blitz ↗ Blitz und Donner

Dorn: Symbol für Mühsal, Hindernis, Leid, Strafe (Gen 3,18), oft als „Stachel im Fleisch“ (2 Kor 12,7). ↗ Distel

Dornbusch, vorausweisendes Symbol auf Kreuz und Dornenkrone Jesu bei Isaaks Opferung (Gen 22,13); bei Mose als brennender D. (Ex 3,2) Symbol der Gegenwart Gottes, der in die menschliche Natur eingeht. Der Dornbusch steht dabei für die sündige und deshalb leidende Menschheit; dass der Strauch nicht verbrannte, zeugt von Gottes Erbarmen. – Auch Symbol für Maria, die Mutter wurde, dabei unverletzt (= Jungfrau) blieb und die „Rose“ Jesus hervorbrachte.

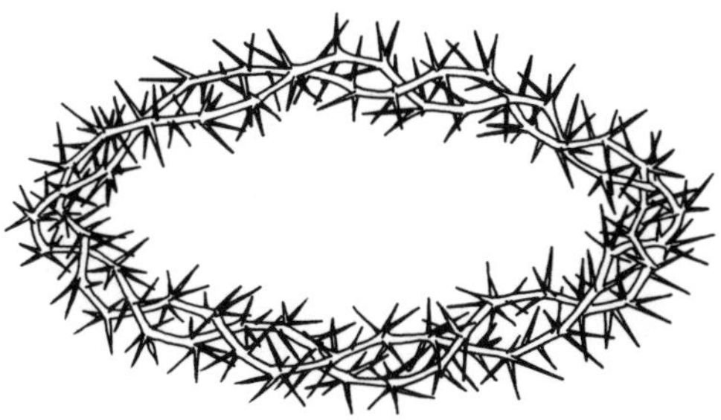

Dornenkrone, steht weniger für den Schmerz als für die Verspottung Jesu. Oft um das Herz Jesu abgebildet. In der Nachahmung der Dornenkrone und des Leidens Christi empfingen früher die Mönche die Tonsur (= Abschneiden der Haupthaare).

Drache, Feuer speiendes Ungeheuer mit mehreren Köpfen und Flügeln, oft einer Schlange oder dem Lindwurm nahe stehend, der in der Endzeit die gottfeindliche Urmacht, den Satan, symbolisiert. Er versucht, die mit der Sonne bekleidete Frau (= Kirche) zu verschlingen, die das Christuskind gebiert (Offb 12,1ff), wird aber vom Erzengel Michael gestürzt. Ähnlich wie Michael wird der hl. Georg als Sieger über den Drachen dargestellt. Interessant dazu die hl. Margarete, die ihn mit der sanften Gewalt einer Frau zähmt.

Drachen ↗ Windvogel

Drachenflieger, moderner „Windvogel“, in dem ein Gleitflieger von zwei großen Flügeln getragen wird. Ein modernes Gleichnis für den Glauben: Ich muss zunächst im Vertrauen auf mein Fluggerät den Absprung wagen, bevor ich das herrliche Gefühl verkosten kann, wie ein Vogel über Abgründe zu schweben. Ich fühle mich wie auf Adlerflügeln getragen (Ex 19,3–6; GL 258, 2. Str.). Dabei kann ich den Aufwind (= alles, was mich im Leben hebt: positive Gedanken, gute Freundschaften, Worte des Lebens aus der Hl. Schrift ...) nutzen, um große Höhen zu erreichen.*

Drachme, kleine Münze, die verloren ging, aber nach intensiver Suche froh und dankbar gefunden wurde. Bei Lk 15,8–10 mit einem Sünder verglichen, der sich entscheidet umzukehren und so dem Himmel Freude bereitet.

Drei: Diese Zahl spielt in allen Religionen eine maßgebende Rolle als intensivste Verstärkung aller Einserkräfte

(↗ eins) – ob bei Gott (im AT dreimal heiliger Gott, im NT dreieiniger Gott), beim Menschen (Mann + Frau + Kind) oder als Ordnungsprinzip (z.B. Glaube, Hoffnung, Liebe). Die D. ist die Zahl des Himmels (↗ Vier die der Erde) und die Grundzahl des männlichen Prinzips (↗ Zwei = Zahl der Frau; Fünf = Zahl der Hochzeit = Mann + Frau). Die D. als Einheit wirkt in die Märchen und bis in den Volksmund: „Aller guten Dinge sind drei".

Dreieck ↗ Dreifaltigkeitssymbole

Dreifaltigkeitssymbole: Gleichseitiges Dreieck, oft mit einem Auge darin. – Drei Kreise ineinander. – ↗ Hand, ↗ Kreuz, ↗ Taube. – Eine Person mit drei Köpfen oder ein Kopf mit drei Gesichtern. – Drei Hasen mit zusammen nur drei Ohren (als Fenster im Dom zu Paderborn). – Dreiblättriges Kleeblatt. – Kerze mit drei Dochten u.a.

Dreikönigssingen ↗ Sternsingen

Dreiunddreißig, Zahl der Vollendung, weil David 33 Jahre regierte, und Jesus, der „Sohn Davids", mit 33 Jahren starb.

Dreizehn, von abergläubischen Menschen als Zahl mit bösen Vorzeichen gefürchtet, weil sie auf die angeblich Glück bringende Zwölf folgt; darum wird häufig bei Nummerierungen in Flugzeugen und Hotels auf die D. verzichtet und in Hochhäusern dieses Stockwerk oft nicht genannt. Im Volksmund negativ gefärbte Zahl, weil die zwölf Jünger und Jesus die Dreizehn ergab, unter den Jüngern aber ein Verräter war.

Drittes Auge ↗ Auge

E

Eckstein, bewahrt zusammenlaufende Mauern vor dem Verfall. Symbol für Christus, auch als Grundstein (mit eingemeißeltem Kreuz darauf); er hält, von den Bauleuten verworfen (Apg 4,11), den Bau der Kirche zusammen (Eph 2,20f).

Edelsteine als „irdische Sterne" versinnbildlichen das himmlische Licht auf Erden. Die Mauern, Grundsteine und Tore des ↗ himml. Jerusalems sind aus ihnen erbaut (Offb 21,18–21). – Modernes Symbol für den Menschen, der aus dem „Urgestein" Gott „abgebrochen" ist (= Ebenbild): In jedem Menschen sind Kostbarkeiten, die als Begabungen die Gemeinschaft bereichern. Wer den „Schatz im Acker" (Mt 13,44–46) findet (= Glaube an Gott, Vertrauen auf Jesus), gibt alles dafür her.*

Efeu, weil immer grün, gilt als Sinnbild der Unsterblichkeit und der Treue. Daher auf frühchristl. Sarkophagen.

Ehe, symbolisiert durch zwei ineinander gefügte Ringe. ↗ Hochzeit.

Eherne Schlange: eine ↗ Schlange, an einer Signalstange aufgerichtet, die alle überleben ließ, die der Giftzahn der Schlange getroffen hatte (Num 21,4ff). Wird nach Joh 3,14 zum Symbol des Gekreuzigten, der alle retten kann, die vom tödlichen Biss des Bösen vergiftet sind und zu ihm aufblicken.

Ei: Symbol für das Leben, im Christentum für die Auferstehung, weil Christus aus dem Grab hervorging wie das flügge Küken aus dem Ei. Als *Osterei* bunt angemalt, Ausdruck der Freude. – Modern auf unser Leben gedeutet: Wir sind von Ewigkeit her von Gottes Geist befruchtet. Wie das Küken mit Hilfe seines „Eizahns" über seinem Schnäbelchen der Enge entflieht, so besitzen wir den Glauben an den Auferstandenen, um im schmerzvollen Prozess die Schalen dieser Welt für das ewige Leben aufzubrechen; so wird der Sterbetag zum persönlichen Osterfest.* Beliebte Frage, um zu verunsichern: Was war zuerst, das Ei oder die Henne?

Eins: Ohne die Eins gäbe es nichts; sie ist die Eintrittskarte in die unendliche Zahlenwelt: Symbol des Anfangs, der ungeteilten Einheit (= Gottes), steht aber auch für das Einmalige (= Individuum). Wie alle ungeraden Zahlen gilt sie als männlich.

Einwegscheibe: durch ihre Beschichtung eine raffinierte Spionscheibe; wird an Haustüren, bei der Polizei (Gegenüberstellung) und in der Therapie eingesetzt; erlaubt, vom Dunklen ins Helle zu sehen, ohne dass der Beobachtete etwas bemerkt. Habe ich eine Lichtquelle im Rücken, wird die E. zum Spiegel, in dem ich nur mich sehe. Einerseits treffendes Symbol für Selbstbespiegelung, andererseits für den „Durchblick" im Leben, wenn ich mit den Augen des Glaubens den Nächsten und das Antlitz Gottes darin entdecke.*

Eisberg: Weil nur ein Siebtel von ihm zu sehen ist, das meiste also unserem Auge verborgen bleibt, Sinnbild für das Unbewusste, aber auch für die Glaubensgeheimnisse, wie Sinn des Leidens, Leben nach dem Tod, Gegenwart Gottes, Dreifaltigkeit Gottes, Ewigkeit, die unser begrenzter Verstand kaum erfassen kann.*

Elefant, symbolisiert unbesiegbare Kraft und Souveränität; gilt als klug wegen seines guten Erinnerungsvermögens. Er ist insgesamt ein positives Symbol und fand als *„elfenbeinener Turm"* (Turm = Zufluchtsort, Sinnbild der Standfestigkeit; Elfenbein = Symbol der Reinheit, Keuschheit, später der Schönheit) Eingang in die Lauretanische Litanei (vgl. GL 769). An der Krippe steht er für den Erdteil Afrika, wenn er auch in Asien genauso oft als königliches Reittier vorkommt.

Elf, Zahl der Sünde und Buße, da sie die hl. Zahl Zehn (= Zehn Gebote) übertritt, aber die ebenfalls hl. Zahl Zwölf (= zwölf Apostel) nicht erreicht. So wurde sie zur Zahl der Narren, deren Reich am 11.11. um 11.11 Uhr beginnt.

Engel, Mittlergestalten zwischen Gott und den Menschen; himmlischer „Hofstaat" Gottes mit Flügeln (heutige Darstellungen meist ohne Flügel) und leuchtend weißen Gewändern (= vollkommene Reinheit). Ihre Aufgabe ist die Anbetung und das Lob Gottes (↗ Cherub) sowie der Dienst an seinem Thron. Von den *Erzengeln* ist *Michael,* Patron der Deutschen, der den Drachen besiegt; *Gabriel,* mit einer Lilie in der Hand als Engel der Verkündigung; *Raphael,* mit Pilgerstock als Tröster und Arzt (vgl. Buch Tobit); seltener genannt *Uriel* als „Flamme" Gottes. *Schutzengel* retten aus höchster Not; identisch mit dem *Todesengel,* von dem ehemals klinisch Tote sprechen, dass sie sie als Begleiter in weißer Gestalt erfahren haben. Weiterhin die sog. *gefallenen Engel* – bocksbeinig, geflügelt, gehörnt, nach Pech und Schwefel riechend oder als listige Schlange dargestellt: Ihr oberster Fürst ist der ehemals schönste Engel ↗ *Luzifer* (= der das Licht bringt), der Satan, der Zerstörer, Durcheinanderbringer und ewige Verneiner, der weiß, dass seine Tage gezählt sind. Wie nahe die beiden Welten: Die Flamme (↗ Feuer) ist das Symbol des Teufels, aber auch des Hl. Geistes!

Erdbeere, Heilpflanze, in der das einfache Volk mit frommer Phantasie die Geheimnisse und Tugenden des Glaubens entdeckte: dreiteilige Blätter (= dreifaltiger Gott), niedriger Wuchs (= Bescheidenheit, Demut), fünfblättrige Blüte (= fünf Wunden Christi), blutrote Früchte (= Christi Blutstropfen).

Erde, gleichsam der „Mutterschoß“, aus dem alles Leben für Pflanzen, Tiere und Menschen kommt, aber auch das Grab, in das alles Leben zurückkehrt (= Aschenkreuz am Aschermittwoch als Hinweis auf Sterblichkeit, ↗ Asche): Beim Begräbnis wird der Körper gleichsam als Samenkorn des künftigen verklärten Leibes in die Erde gelegt. – Die *Erdkugel* wurde früher in der Regel grün dargestellt als Bild für die Fülle der Schöpfung im Gegensatz zur blauen Himmels- und Sternenkugel, die vormals noch nicht so als unbegreifliches Zeugnis der Schöpfungsfülle erkannt wurde. Auf Bildern dient die Erdkugel oft als Fußschemel des wiederkommenden Christus.

Ernte, häufig symbolisch für das endzeitliche Gericht mit ausgleichender Gerechtigkeit. Jesus sieht sein Wirken als Arbeit in der Ernte Gottes. Das kirchliche *Erntedankfest* am ersten Sonntag im Oktober ist Dank für die Fruchtbarkeit der Erde und Mahnung, ihre Früchte gerecht zu verteilen und verantwortlich gegenüber der Schöpfung zu handeln.

Esel, von der Antike her mit gegensätzlichen Bedeutungen, kommt durch die Stelle bei Jesaja 1,3 an die Krippe. Er lebt anspruchslos, trägt als „Packesel“ (= „Kamel“ der armen Leute) willig große Lasten, klagt nicht – selbst wenn er blutig geschlagen wird; er kann aber auch bei Überforderung unbeirrt störrisch stehen bleiben; sein markerschütternder Schrei wird als um Mitleid flehende Klage eines Geschöpfes empfunden. Der E. verlangt allerdings stets klares, frisches Wasser. Seine langen Ohren vernehmen den „obersten Herrn“ besser als der Prophet Bileam (Num 22,22–35). Er trägt das göttliche Kind ins Asyl nach Ägypten. Dass Jesus als König auf einer demütigen Eselin in Jerusalem einzieht, symbolisiert seine friedliche Gesinnung, denn Krieger ritten auf einem Pferd. – In manchen Gegenden: *Palmesel,* fahrbares Gestell aus Holz mit dem segnenden Christus.

Eucharistiesymbole, am häufigsten: Hostie (Hostienschale) und Kelch (und Fisch); Ähre und Traube; fünf Brote und zwei Fische (= wunderbare Brotvermehrung), ↗ Lamm.

Evangelistensymbole, immer wieder dargestellt: Engel oder Mensch für Matthäus als Hinweis auf den Stammbaum Jesu und seine Geburt; der Löwe für Markus als Anspielung auf die mächtige Predigt Johannes d.T. in der Wüste; der Stier für Lukas, weil vom Opfertier zu Beginn seines Evangeliums die Rede ist; der Adler für Johannes, da sein Evangelium einem geistigen Höhenflug gleicht. Wahrscheinlicher als diese eher zufälligen Deutungen ist folgende Annahme:

Die vier Sternbilder Stier, Löwe, Skorpion (= Adler) und Wassermann (= Mensch, Engel) in den vier Ecken (= vier Jahreszeiten) der durch den Tierkreis begrenzten Welt sollten hier ihre Überhöhung erfahren (vgl. Bruno Moser, Bilder, Zeichen und Gebärden, Südwest-Verlag 1986, S. 43f). Häufig sind auch die *Evangeliare* (= Bücher mit den Evangelien) mit ihnen geschmückt.

Ewiges Licht, meist rotes, ständig brennendes Licht in der Nähe des ↗ Tabernakels, das die ständige Gegenwart Jesu im „Brot des Lebens" anzeigt – als Stärkung für unsere Wanderschaft durch diese Welt.
Die roten *Grablichter* auf den Gräbern erinnern an unsere Verstorbenen, deuten aber auch auf Jesus hin, der uns ewiges Licht in das Dunkel des Todes gebracht hat.

Ewigkeitssymbole: Kreis (= ohne Anfang und Ende) oder ↗ Ring, liegende ↗ Acht, ↗ Kugel oder ↗ Ball.

F

Fackel, weist auf Hoffnung mitten in der Nacht, auf Sieg, Freude, Freiheit (= Freiheitsstatue im Hafen von New York). Die mit der Flamme nach unten gerichtete F. symbolisiert das Sterben, z.B. an Gefallenendenkmälern. *Fackelzug* = zu Ehren einer Persönlichkeit, die durch Nächstenliebe (= St. Martin) oder Forschen usw. Anerkennung gefunden hat. ↗ Laterne.

Faden (der ↗ Ariadne): Symbol für Verbindung: „Mein Leben hing an einem seidenen Faden" = *Lebensfaden.* – *Roter Faden*: Prinzip, das Durchblick schenkt.

Fahne, Symbol der Macht, die Respekt verlangt, die zu verteidigen als hohes Ziel gilt. Gehisst auf Gebäuden, Bergen, Mond = besitzanzeigendes Symbol. *Fahne auf Halbmast* = Trauer. *Wehende Fahne* = Aufbruch zur Veränderung. *Weiße Fahne* = kapitulieren/sich ergeben. – Mit einem Christusbild oder einer Osterlammdarstellung (↗ Lamm) ist die Osterfahne versehen = Zeichen der Auferstehung, Sieg über alle Finsternis. Um dieses Siegeszeichen sollen sich alle scharen. – Auf Fahnen zu Ehren von Heiligen wird ihr Martyrium oder ihre bekannteste Tat dargestellt. – Flaggen und Wimpel haben „abgestufte" Würde. *Flagge zeigen* = sich zu etwas bekennen – wie Fans eines Klubs, die durch ihre Vereinsfahne dokumentieren, dass sie sich mit ihren Idolen ganz identifizieren. – Die *Kirchenflagge* ist gelbweiß (= goldsilber).

Fallschirm, modernes Symbol für den Glauben: Jedem Menschen wird er im Rettungsplan Gottes mitgegeben, aber wer seine Tragkraft spüren will, muss in freiem Entschluss die Reißleine betätigen. Das Öffnen des Schirms bedeutet eine abrupte Bewegungsänderung, die in der Taufe, im bewussten Ja zu Christus, beginnt (Joh 3,1ff: Wer nicht wieder geboren wird ...).*

Fangnetz ↗ Netz

Farben als Bedeutungsträger in der Liturgie: ↗ Weiß, ↗ Rot, ↗ Grün, ↗ Violett, ↗ Schwarz, ↗ Rosa, ↗ Blau.

Farbkasten, häufig benutzt, zeigt er ein Durcheinander an Farbklecksen und halb leeren Farbtöpfchen. Daher modernes Symbol für die Fastenzeit = Zeit, den Farbkasten unseres Lebens zu säubern, um den Farben wieder die ursprüngliche Leuchtkraft zu schenken und neue Farbtöpfchen einzulegen.*

Fastentuch ↗ Hungertuch

Fegfeuer (vom mittelhochdeutschen „vegen" = reinigen): Zustand (nicht Ort) der Läuterung eines Menschen nach dem Tod, bis er fähig ist, in die allumfassende Liebe Gottes einzutreten und in die Gemeinschaft all derer, die ganz glücklich sind.

Fels symbolisiert Festigkeit, Stärke, Treue des schützenden Gottes. Der Fels in der Wüste, aus dem Mose Wasser schlägt, steht als Vorausbild für Christus als Spender des Lebenswassers (1 Kor 10,4). Auf Petrus, dem Felsen (griech. petros), als Grundstein, ist die Kirche gebaut (Mt 16,18). Klug ist, wer sein Haus auf Fels baut (Mt 7,24).

Fenster ↗ Glas

Fernglas, modernes Symbol für den Weitblick des Glaubens (z.B. auf dem Berg der Verklärung [Mt 17,1ff] sehen die Jünger die große Zukunft ganz nah und gehen so gestärkt zunächst in Jesu Leid und Tod; bei seiner Himmelfahrt dürfen sie sehen, was auch auf sie wartet). – Das F. ist wie die ↗ Lupe geeignet, „näher“ hinzuschauen auf die Wunder der Natur. – Heuchler betrachten die Fehler der anderen mit dem vergrößernden F., die eigenen allerdings mit dem umgedrehten, verkleinernden (vgl. Lk 6,41f).

Fernsehantenne wird auf den Sender ausgerichtet, damit ein klares Bild und nicht „Schnee“ empfangen wird. Modernes Symbol für Christen als „Fernsehapparate Gottes“, die ihre Antennen (= Gewissen) an Christi Wort und Vorbild ausrichten.

Fessel, wie bei den jungen Männern im Feuerofen (Dan 3,1ff) können gelöste Fesseln Symbol dafür sein, dass Christus die Menschen aus den Banden der Sünde und des Todes befreite. – Der Brauch, den Christbaum mit Papierketten oder silbernen Ketten zu schmücken, kommt wohl aus Spanien: In Toledo, der früheren Hauptstadt Spaniens, hängten ehemals gefangene Christen, die von christlichen Fürsten aus der maurischen Sklaverei losgekauft wurden, ihre Ketten zum Zeichen der Erlösung in der Kirche auf.

Festung ↗ Burg

Feuer als Quelle von Wärme und Licht, als Lebenspender und Lebenzerstörer spielt im religiösen Leben der Völker eine wichtige Rolle. Es galt schon früh als vom Himmel kommend heilig, reinigend, erneuernd (↗ Phönix); so erscheint Gott als Feuersäule (Num 14,14) oder als brennender Dornbusch (Ex 3,2) oder an Pfingsten in Feuerflammen (Apg 2,3). Die Osterkerze wird am Osterfeuer entzündet (= Christus ist der Lichtbringer für alle erlöste Kreatur; er will mit Feuer taufen, vgl. Lk 3,16). Umgekehrt das Höllenfeuer, das Krieg, Teuflisches, Zorn Gottes bedeutet. ↗ Ewiges Licht, ↗ Fegfeuer.

Feuersäule ↗ Feuer

Feuerzeug, modernes Symbol für die Flamme der Begeisterung, für ein Pfingstereignis: Es wird zunächst von außen ausgelöst (= ein Funke muss überspringen von Eltern, anderen vorbildhaften Menschen, vom zündenden Wort und von Ereignissen). Wo der Funke auf „brennendes Material" (= ausströmendes Gas) trifft (= Offenheit des Menschen für die Begegnung mit Gottes Geist), wo der Feuerstein gerieben und das Ventil für das Gas offen gehalten wird (= der Mensch mitarbeitet), wird ein Feuer entzündet (= der Mensch lässt sich für „die Sache Jesu" begeistern).

Finger, auf den Mund gelegt = Schweigen. Erhobene Finger in der byzant. Kunst weisen auf zentrale Geheimnisse des Glaubens hin: zwei auf die Menschen- und Gottnatur in Christus und drei auf die Dreifaltigkeit. – *Ring-* oder Herz*finger* an linker (= Herzseite) Hand = Liebe und Treue. – Schon in der Antike galt das Vorstrecken des *Mittelfingers* (= modern „Stinkefinger") als obszöne Geste. Und wer mit zwei Fingern auf andere zeigt, richtet gleichzeitig drei Finger auf sich selbst.

Fingerabdruck, dient zur Identifikation, weil bei jedem anders; modernes Symbol für den Menschen mit seinen je besonderen Begabungen und Schönheiten.

Fisch, ältestes Geheimsymbol für Christus, später auch Erkennungszeichen für Christen: Ein Fischkopf zeigte in den Verfolgungszeiten den Weg zu einer ↗ Katakombe. Der Christus-Fisch als Bringer des Heiles erhielt die Überhöhung durch die Deutung des griech.

Wortes für Fisch: ICHTHYS: I = Jesus, CH = Christus, TH = Gottes, Y = Sohn, S = Erlöser. – F. im Wasser: Symbol auf Taufbrunnen. – Ankerkreuz mit Fischen = Christen vertrauen sich dem Schutz des Kreuzes an. – Großer Fisch, der Jona verschlang und nach Tagen wieder ausspie: Symbol für Grablegung und Auferstehung Christi. – Fisch und Brot oder fünf Brote und zwei Fische (= wunderbare Brotvermehrung) sind Symbole für die Eucharistie. – Drei Fische mit gemeinsamem Kopf: Symbol für Dreifaltigkeit. – Fische, die aufmerksam lauschend den Kopf aus dem Wasser strecken: Bild für die berühmte Fischpredigt des hl. Antonius v. Padua. – Modern der *Swimmy-Fisch*: Ein kleiner Fisch, Swimmy, erkennt, wie die großen Fische die kleinen alle auffressen, und veranlasst die Schwärme, einen großen Fisch zu bilden, dessen Auge (= Führer) er wird: „Gemeinsam sind wir stark". Für Swimmy wird ein Jesus-Bild eingesetzt: Seit der Taufe sind wir in die Gemeinschaft der Kirche (= Fischleib) eingefügt; als Gemeinschaft sind wir stark im Meer der

Zeit und finden unter der Leitung Jesu den Weg zum Vater.

Fischernetz, Symbol des Fischers, der einfängt und sammelt. Netz mit Fischen = Kirche. So zog Petrus das Netz mit ↗ 153 Fischen (= alle damals bekannten Fischarten = alle Menschen) an Land (Joh 21,1ff); getreu dem Auftrag Christi, Menschenfischer zu werden (Lk 5,10). – Der allein dem Papst zustehende *Fischerring* zeigt ein Bild vom wunderbaren Fischfang durch Petrus.

Flamme ↗ Feuer

Fledermaus mit unterschiedlichen Deutungen. Wahrscheinlich, weil sie die natürliche Ordnung durchbricht (= scheut das Licht, schläft mit dem Kopf nach unten), wird der ↗ Teufel oft mit Fledermausflügeln dargestellt.

Fratzen an Kirchenportalen und als Wasserspeier: bedrohliche, „höllische" Bilder, die den Trägen aufschrecken oder das Böse vom Eindringen abschrecken sollen. F. unter/an Sitzflächen: symbol. für dunkle Kräfte im Menschen, aus denen er sich im Gottesdienst erheben soll.

Frauentragen, Symbol für die Herbergssuche im Advent: Ein Bild, eine Statue oder Ikone, die Maria (und Josef) zeigt, wird von Haus zu Haus getragen, dort für einen Tag beherbergt und ist Mittelpunkt einer kleinen Marienandacht. Ein Reiz liegt auch im überraschenden Anklopfen des Straßennachbarn und der Möglichkeit neuer Begegnung.

Füllhorn (der Glücksgöttin Fortuna) mit verschiedenen Gaben versinnbildlicht Glück, Frieden, reiche Ernte.

Fünf, Zahl der Liebe und der Hochzeit (3 = männlich und 2 = weiblich), die auch Jesus bekannt war (= 5 kluge und 5 törichte junge Frauen warten auf den Bräutigam: Mt 25,1ff). Fünf Bücher Mose: Wer daraus vorlas, war der Thora-Bräutigam. – Die Fünf spielt in aller Welt eine große Rolle – vielleicht, weil sie uns so sehr auf den Leib geschnitten ist: fünf Sinne, fünf Finger an einer Hand; die meisten Blüten sind fünfblättrig. – In China: 5 als Zahl der harmonischen Verbindung von Yin und Yang, auch Symbol des Mittelpunktes und Glückszahl (Wunsch zu Neujahr: „Das fünffache Glück komme zu dir!"); Indien kennt eine fünfte Himmelsrichtung (führt zum Selbst des Betrachters); der Islam spricht von fünf Säulen der Frömmigkeit. – Im Gedenken an die fünf Wunden Christi werden fünf Kreuze in jeden Altar gemeißelt. – Fünf Talente werden verteilt (Mt 25,14ff). – Fünf, die Zahl des Lebendigen; interessant, dass das amerikanische Verteidigungsministerium „Pentagon" ein fünfeckiges Mammutgebäude ist (= Verteidigung des Lebendigen!). – *Pentagramm* = Fünfstern, von dem der ↗ goldene Schnitt hergeleitet wird.

Fünfzig, die Multiplikation von 10 (= Gebote) und 5 (= Sinne). Von daher Zahl der Freude und des Festes. 50 Tage nach Ostern fand bei den Juden das große Erntefest statt, an dem die Sklaven befreit und alle Schulden erlassen wurden. Das 50. Jahr gilt nach der Lev 25,8–31 als Erlassjahr: „Heilig ist das 50. Jahr und verkündet Freiheit für alle Bewohner, ein Erlassjahr soll es für euch sein.“ – Der 50. Tag nach Ostern ist Pfingsten: Aussendung des Geistes Gottes.

Fuß, mit der Erde am engsten verbunden. Das Aufstehen mit dem rechten Fuß galt schon bei den Römern als Glück bringend. Entblößter Fuß = Demut (wie bei Mose, Ex 3,5; Muslime beim Betreten einer Moschee) und bei Mönchen als Zeichen bewusster Armut. Jemandem zu Füßen fallen: Bittgebärde (Mk 5,22: Jaïrus fällt Jesus zu Füßen). Den Fuß auf etwas stellen: in Besitz nehmen, totale Unterwerfung des Feindes (z.B. Maria tritt der Schlange auf den Kopf); *Fußkuss:* tiefste Unterwerfung: ↗ Kuss. *Fußwaschung*: an sich im Orient Akt der Gastfreundschaft; seit Jesu Fußwaschung am Gründonnerstag (Joh 13ff) Symbol der Demut und Liebe. Es gibt unzählige *Fußabdrücke* in Fels und Marmor, die an ein bes. Ereignis erinnern (z.B. Himmelfahrt Jesu auf dem Ölberg). Ein Fußabdruck meint den ganzen Menschen. – Modernes Symbol: Fußabdrücke führen zu etwas hin, im Kirchenraum z.B. zum Altar = Nachfolge Christi.

Fußball, modernes, vielseitiges Symbol: Er muss mit Luft (= Atem, Begeiste-

rung, Freude) gefüllt sein, sonst ist er nicht zu gebrauchen – wie ein Christ von Gottes Geist erfüllt sein sollte. Wie die vielen Lederstücke gut vernäht zusammengesetzt sein müssen, so zählt in einer Mannschaft mehr die verschworene Gemeinschaft als der begnadete Einzelspieler; aber auf jeden kommt es an.* – Im Leben geht es zu wie auf einem Fußballfeld: Das Spiel macht Spaß; es heißt aber auch Tritte einzustecken, ohne mit „Fouls“ zu antworten; den Ball abzugeben, wenn es für den Erfolg des Teams günstiger ist; kämpfen können bis zuletzt, um die Siegestrophäe zu erhalten.*

Fußwaschung ↗ Fuß

G

Gabelkreuz ↗ Kreuz

Gans, Symbol der Wachsamkeit. Gänse bewahrten durch ihr Schnattern das Kapitol in Rom 386 v. Chr. vor der Eroberung und Zerstörung durch die Kelten. Der Legende nach verrieten sie das Versteck Martins, der sich vor der Menge geflüchtet hatte, die ihn zum Bischof machen wollte. Die *Martinsgans* gehörte mit zu den Naturalabgaben zum Ende eines Wirtschaftsjahres und wurde als „Abschied vom Fleisch" noch einmal vor der ursprünglich sechswöchigen Adventszeit verspeist.

Gänseblümchen, anspruchslos, kann überall gedeihen; Heilkraut gegen vielerlei Krankheiten; im MA Blume der Liebenden und beliebtes Mariensymbol. Modern ein gutes Symbol für die lächelnde Visitenkarte eines menschenfreundlichen Gottes, wenn tausend „Sternenaugen" eintönige Grünflächen verschönern. Auch Gleichnis für Demut: leicht übersehbar; bereit, fast das ganze Jahr hindurch zu blühen, und von großer Widerstandskraft (= im Frühling sofort wieder da und blühend bis in den Schnee des Spätherbstes); sie verändern unscheinbar und still die Welt.*

Garbe, Symbol für Ernte, Fülle und Einheit (= viele Einzelelemente werden zusammengefügt; ähnlich ↗ Strauß).

Garten: Während ein wild wachsender Wald als bedrohlich empfunden wurde, sah man im umhegten, fruchtbaren Garten ein göttliches Geschenk, der den Körper nährte und Geist und Seele erfreute. Daher wurde der G. zum Symbol für die kosmische Ordnung, für das Paradies und die Verbundenheit mit Gott (= die ersten Menschen gingen quasi mit Gott darin spazieren). Daran erinnern auch die umhegten Kreuzgänge eines Klosters sowie die großartigen Gartenanlagen eines Schlosses. Gärten sind auch im Leben Jesu Orte wichtiger Ereignisse: Er litt Todesangst am Ölberg; sein Grab befand sich in einem Garten (Getsemani), in dem Maria von Magdala dem Auferstandenen begegnete in der Annahme, einen „Gärtner" vor sich zu haben (Joh 20,15). Wasser des Lebens und Lebensbäume kennt auch der endzeitliche Paradiesgarten (Offb 22,1f). – Maria ist auf Bildern oft in einem umhegten Paradiesgärtlein dargestellt (z.B. „Maria im Rosenhag" von Stephan Lochner im Kölner Dom).

Gebetsschnur oder -kette, in vielen Religionen verbreitete Form der Gebetshilfe und Meditation in Gestalt aneinander gereihter Perlen oder Knoten, die das Zählen erleichtern. So kennt der Buddhismus 108 Perlen (= verschiedene Entwicklungsstufen, die aus der Leidenschaft befreien), der Islam 33 oder 99 (= so viele Namen werden Allah zugedacht), das Christentum 50 oder 150 (= nach der Anzahl der Psalmen) beim ↗ Rosenkranz.*

Gebetswürfel, ein Würfel, dessen sechs Seiten mit Tischgebeten beschriftet sind. Das Gebet auf der Seite, die nach dem Würfeln oben liegt, wird genommen. ↗ Würfel.

Gefäß: Sinnbild des Empfangens. Nach Paulus tragen Christen die göttliche Gnade in einem zerbrechlichen Gefäß (2 Kor 4,7). Die Gefäße der fünf klugen Jungfrauen an den Portalen der Münster zeigen nach oben – wie denn auch im Himmel das „Gefäß" eines jeden Menschen ganz gefüllt ist, wenn auch die Größe bei jedem verschieden ist. – Die drei Marien kommen mit Gefäßen zum Grab, um Jesus zu salben. – *Tongefäß*: Symbol der Zerbrechlichkeit (z.B. Jer 19,10ff). – *Gefäß mit Löchern*: Symbol der Vergesslichkeit, der Unaufmerksamkeit, der Hetze.

Gehen, symbolische Bewegung im Gottesdienst, mehr ein ruhiges Schreiten: Wir sind der Einladung Gottes gefolgt (Mt 11,28: Kommt alle zu mir) und gehen am Schluss als seine Diener in alle Welt (Mt 28,19: Geht zu allen Völkern), um die empfangenen Geschenke (= Gnade) im Leben auszuteilen.

Geige ↗ Violine

Geißel aus Stricken (oder Leder), mit der Jesus die Händler aus dem Tempel trieb (Joh 2,13–15). Oft wurden an den Enden der G. Widerhaken eingeflochten, die schlimme Verwundungen zufügten, wenn sie aus der zerfetzten Haut gezogen wurden. – Jesus erhielt 40 Geißelschläge weniger einen (= die hl. Zahl ↗ Vierzig durfte nicht verletzt werden), vgl. Mt 27,26.

Gelb ist die intensivste, brennendste, ja blind machende Farbe, dem Licht und der Sonne nahe stehend wie ↗ Gold. Symbol der Verklärung und der Ewigkeit. Gelb-weiß, d.h. Gold-Silber sind die Farben des Papstes und des Vatikans. – Gelbe Armbinde als Erkennungszeichen für Blinde. Negativ: Farbe des Neides, der Ausgestoßenen: gelber Stern für Juden; für den Verräter Judas; für Ketzer und Wahnsinnige. Die Haustüren von Verrätern wurden gelb angestrichen.

Geld: Besitz, wirtschaftliches Gut. – Geldbeutel am Hals oder Gürtel oder ans Herz gepresst, bedeutet Geiz; bei Judas Iskariot: Verrat an Jesus. – Offener Geldbeutel: Mildtätigkeit, manchmal auch vergoldet dargestellt.*

Gewandsaum: Sein Küssen und Berühren war zur Zeit Jesu ein Zeichen der Ehrerbietung und Unterwerfung – auch Heil und Segen bringend, z.B. Mt 9,20–22.

Gewölbe ↗ Kuppel

Ginster, Strauch mit gelben oder weißen Blüten; in der Wüste oft einziger Schattenspender (vgl. 1 Kön 19,4: Elia unter dem Ginsterstrauch). – Modernes Symbol für Bescheidenheit und Ausdauer. Er kann in Zeiten großer Trockenheit bis zu 95 % seiner Nadelblätter verlieren, ohne abzusterben; seine Pfahlwurzel reicht in der Wüste bis 5 m tief in die Erde, um an Feuchtigkeit zu gelangen.*

Gipsverband, stellt eine Bruchstelle ruhig, sodass sich in aller Stille neue Gewebe aufbauen können, welche die Bruchstelle widerstandsfähiger als vorher machen können. – Modernes Symbol für Ruhe und Stille, die die „Brüche der Seele" (z.B. Nervenzusammenbruch) heilen können. Der Mensch braucht täglich Stillezonen und Augenblicke des Schweigens, um seine „Mitte" wieder zu finden. Als Zeit der Ruhe ist bes. die Advents- und Fastenzeit gedacht.

Glas sowie Kristall sind Sinnbilder des Lichtes und der Transparenz: Unter dem Throne Gottes ein Glasmeer, vgl. Ez 1,22 und Offb 4,6. – Weil ein *Fenster* Sonnenlicht durchlässt, ohne dabei verletzt zu werden, Symbol für Maria, die unbefleckt empfangen hat; ähnlich der blühende Lilienstängel in einer durchsichtigen Glasvase. – *Durchsichtige Glaskugel*: Symbol der zuerst geschaffenen himml. Lichtwelt. – Modernes Symbol: Sein Hauptbestandteil Sand, im Feuer glühend und flüssig gemacht, wird zu Glas: Der Mensch aus Staub und Erde muss wie durch Feuer (= reinigendes Feuer = ↗ Fegfeuer zu Lebzeiten und am Ende des Lebens), um geläutert und verwandelt zu werden für die Lichtherrlichkeit Gottes.* ↗ Kirchenfenster.

Glaubenssymbole ↗ Kreuz, ↗ Pfeil, ↗ Schild, ↗ Schwert, ↗ Gefäß

Glocke, Symbol zwischen Himmel und Erde, „Stimme Gottes". Sie ruft seit dem 6. Jh. die Christen zum Gottesdienst. (Ähnlich wie der Muezzin die Muslime zum Gebet ruft.) Das Läuten der G. re-

gelt den Tagesablauf (das Angelusläuten), verkündet frohe Ereignisse (Taufe, Hochzeit ...) und traurige (Totenglocke bei Tod eines Gemeindemitgliedes oder Dorfbewohners und freitags um 15 Uhr zur Todesstunde Christi). Glocken wurden als Alarm- und Warnzeichen (z.B. Wetterläuten) eingesetzt, ja, als Unheil abwehrende Kraft. Fast jede G. hat einen Namen. Wenn G. verstummen (zwischen Gründonnerstag und Osternacht), werden sie durch Ratschen und ↗ Klappern ersetzt, mit denen Kinder mancherorts durch die Straßen ziehen. – „Etwas nicht an die große Glocke hängen" bedeutet: nicht öffentlich bekannt machen.

Gloriole ↗ Heiligenschein

Glühwürmchen oder Leuchtkäfer gibt es in zweitausend verschiedenen Arten. Modernes Symbol für die Wunder in der Natur: Es kann 80 % seiner Energie zum Leuchten bringen, indem die Fettkörper in seinem Gewebe, die Licht- und Fotostoffe enthalten, sich verbrauchen. Sie erinnern uns an das größere Licht, an den, der von sich sagte: „Ich bin das Licht" der Welt (Joh 8,12) und der möchte, dass auch wir die Welt heller machen (Mt 5,14). *

Gold, edelstes Metall, der Sonne (und dem Feuer) zugeordnet, etwas dem König Angemessenes. Weil G. glänzend und hitzebeständig, Sinnbild der Ewigkeit, der Unveränderlichkeit und Vollkommenheit. G., oft positiver Ersatz für ↗ gelb, steht für das Symbol der höchsten Tugend: die Liebe. Weit kostbarer als in Feuer geläutertes G. ist der Glaube an Christus (1 Petr 1,7), der als Jesuskind eine goldene Krone tragen kann; dem die Magier aus dem Morgenland an der Krippe Gold (= Königtum) schenken. – *Bilder mit Goldgrund*: himml. Licht, Unendlichkeit Gottes, Verklärung im neuen Jerusalem, das aus lauterem Gold besteht (Offb 21,18). – *Goldene Geräte und Gewänder* in der Liturgie: Abglanz der ewigen Herrlichkeit.

Goldene Rose ↗ Rose

Goldener Schnitt, Symbol für harmonische Schönheit. Stetige Teilung einer Strecke in zwei Teile derart, dass die größere sich zur kleineren wie die ganze Strecke zur größeren verhält; in Zahlen ausgedrückt: 1:1,62. In der Natur ist dieses „göttliche" Gesetz oft verwirklicht; es wird selbst von Eingeborenen befolgt, die von ästhetischen Normen nie etwas gehört haben. Die meisten antiken Tempel, Staats- und Sakralbauten (wie die Fassade der Peterskirche in Rom) befolgen dieses Gesetz. Auch das Format von Briefmarken, Türen, Zeitungen, Büchern, Fotos, ja von Fußballplätzen (und darin wieder die Strafräume) entspricht der Gesetzmäßigkeit des G.S.

Goldenes Kalb, das nach Ex 32,1ff hergestellte Stiersymbol, versinnbildlicht die ständige Versuchung, die materiellen Wünsche, wie Reichtum, Macht und Vergnügen, zu vergöttlichen. Tanz um das G. K.: Für die Israeliten war es ein Rückfall von ihrem geschworenen Glauben an den Einen Gott.

Gottessymbole ↗ Sonne, ↗ Dreieck, ↗ Kreis, ↗ Kugel, ↗ Berg, ↗ Adler, ↗ Baum.

Grab, Stätte der Ruhe, des Todes und des stillen Gedenkens. Zuerst wurde in den ↗ Katakomben über den Gräbern hl. Märtyrer das eucharistische Mahl gefeiert. Der ↗ Altar stellte das Grab Christi dar. – *Heiliges Grab*: In ihm wird sehr realistisch der nachgebildete Leichnam Christi ausgestreckt, nicht selten von Gestalten der Passionsgeschichte umgeben. – *Grabstein:* Sinnbild der Stärke des schützenden Gottes (↗ Fels) mit vielfältigen Auferstehungssymbolen verse-

hen, bes. mit dem Kreuz als Symbol des Glaubens, dass die Verstorbenen jetzt bei Gott leben.

Grabstein ↗ Grab

Groschen ↗ Drachme

Grün, Mischfarbe von Blau und Gelb; sie hat eine vermittelnde, erfrischende, beschauliche und beruhigende Ausstrahlung. Wegen der Erneuerung der Natur im Frühjahr auch die Farbe der Hoffnung, des Paradieses und der Unsterblichkeit. Im MA wurde das Kreuz grün gemalt, weil es das „Werkzeug" der Erneuerung des Menschengeschlechtes darstellt in seiner Rückkehr zum Paradies. So ist grün auch die Farbe der Auserwählten, die „grünen werden wie der Ölbaum". Liturgische Farbe für die Zeit im Jahreskreis nach den Hochfesten „Taufe des Herrn" (bis zur Fastenzeit) und „Pfingsten" (bis zum 1. Advent), also an über der Hälfte aller Sonntage im Kirchenjahr!

Grundstein ↗ Eckstein

Gürtel, Symbol mit vielfältiger Bedeutung: Zeichen der Macht und Stärke (Engel sind umgürtet dargestellt als Zeichen ihrer Kraft; Schwerathleten verstärken ihre Hüften, Judosportler tragen Gürtel, deren Farbe dem Leistungsstand seines Trägers entspricht), der Treue (= Bindung an eine Person, Gruppe oder Aufgabe), der Enthaltsamkeit (= bes. von Eremiten getragen; bei der Kleidung des Priesters auch das Zingulum: Gürtel, weil er die Lenden, den „Sitz der Begierlichkeit", einschnürt; Dirnen war bezeichnenderweise das Tragen von Gürteln untersagt und in Bayern und Österreich wurden früher Brautgürtel nur an unberührte Bräute verliehen) und der Bereitschaft (= Passah mit gegürteten Lenden und beschuhten Füßen begehen, vgl. Ex 12,11; „Legt euren Gürtel nicht ab, und lasst eure Lampen brennen!", vgl. Lk 12,35). – Des Gürtels berauben = Bindungen, Kraft nehmen, auch Würde. – Den Gürtel enger schnallen: Verzichten, auch um der „Hungergürtel" dieser Welt willen.

Guter Hirt ↗ Hirt

H

Haare, ihr Verlust = Verlust der Kraft (z.B. Simson, Ri 16,17ff). Ergreifen am Haarschopf = Unterwerfung des ganzen Menschen; Haupthaar oder Bart scheren = Trauer; an den Haaren herbeiziehen = schwach argumentieren. – Das Abschneiden der Haare beim Eintritt in ein Kloster war Zeichen der Buße und Lossagung von der Welt. ↗ Dornenkrone.

Hahn, auf dem Kirchturm in dreifacher Bedeutung: *1.* Künder des neuen Tages, der uns mahnt, der Wiederkunft Christi mit wachsamem Herzen entgegenzugehen; früher wurde die Zeit zwischen zwei und sechs Uhr, die dritte Nachtwache, „Hahnenschrei" genannt. *2.* Als Wetterhahn wird er in der Regel als Erster von den Sonnenstrahlen berührt: daher Symbol der Auferstehung, der den Sieg des Lichtes Christi über die Macht der Finsternis verkündet. *3.* Ein H. erinnert an die Verleugnung Petri, vgl. Mt 26,34.75, und ruft uns zum Bekenntnis auf. – In diesen Bedeutungen schon früh auf altchristlichen Grabsteinen.

Hakenkreuz ↗ Kreuz

Halbmond als Sichel weibliches Attribut. ↗ Mond. Im Islam bedeutet er Öffnung und Konzentration und verweist auf die Überwindung des Todes durch das ewige Leben. Der einen Stern umschließende Halbmond, der seit den Kreuzzügen Wahrzeichen des Islam ist, war eher im Westen bekannt, bis sich der Osten damit identifizierte. Der *Rote Halbmond* entspricht im Islam dem Roten Kreuz der westlichen Welt. – In der Apokalypse erscheint eine Frau (= Kirche, die einmal alle satanischen Gewalten überwunden haben wird) mit dem Halbmond zu ihren Füßen (Offb 12,1), auch auf Maria gedeutet.

Halskette, modernes Symbol für die Gemeinschaft verschiedener Personen (= bunte Perlen), die das Band der Liebe verbindet (Kol 3,14).

Hand, Symbol der Macht, der ich ausgeliefert bin oder die mich schützt; steht für die ganze Person. *Hand aus Wolke* = Eingreifen, Gegenwart Gottes. *Handauflegen* = Segnen (Mk 10,16) oder Krankensalbung, Primizsegen, Empfang des Hl. Geistes (Apg 6,6 und Firmung), Inbesitznahme bei Taufe, Vollmacht übertragen bei Priesterweihe, früher bei Lossprechung in der Beichte. *Erhobene Hände* = Bittgebet (wie bei Mose, Ex 17,11). *Falten der Hände* = Beten. *Heben der rechten Hand* = Schwur. *Dargereichte offene Hand* = Hingabe (Symbol der geschlossenen Ehe), der freundlichen Offenheit und des Verzeihens (= Friedensgruß). *Geballte Faust* = Gebärde der Drohung. *Segensgestus* immer mit rechter Hand: lateinisches Segnen = Daumen, Zeige- und Mittelfinger ausgestreckt, die beiden anderen Finger nach innen gekrümmt; griechisches Segnen = Daumen- und Ringfinger zusammengelegt, die anderen ausgestreckt.

Handschellen, modernes Symbol für Fesseln durch Schuld, Versagen oder die Knechtschaft der Sünde. In Reue und Buße vor Gott werden sie uns gelöst.

Handschuh, Herrschafts- und Rechtssymbol (z.B. früher bei der Verleihung des Marktrechts durch den König Übergabe eines Handschuhs). *Weiße Handschuhe* beim Tragen heiliger Geräte, einer Fahne oder des Sarges = Würde, Ehrerbietung (und Reinheit). Negativ: Den Fehdehandschuh hinwerfen = Zeichen der Herausforderung zum Zweikampf.

Handwaschung, rituelle Reinigung des Priesters, z.B. nach der Gabenbereitung in der Eucharistiefeier der hl. Messe. Bei Pilatus = Ablehnung von Verantwortung = Ich wasche meine Hände in Unschuld.

Harfe, an einer Weide aufgehängt = Trauer (Ps 137,2). Bei David besonders häufig Harfenmusik als Dankerweis und zum Lobe Gottes; auch die 24 „Ältesten" trugen Harfen (Offb 5,8). Modernes Symbol für harmonisches Miteinander.*

Hase, wegen seiner raschen Vermehrung uraltes Fruchtbarkeitssymbol (= Osterhase), das im „eierlegenden" Hasen potenziert wird. ↗ Ei. Manchmal auf Grabsteinen als Symbol für Auferstehung. – Im Rundfenster des Paderborner Domes als Sinnbild für die Dreifaltigkeit, da drei Hasen zusammen nur drei Ohren haben.

Hauch ↗ Wind

Haus, vom indogermanischen Wortstamm „(S)keu" her: bedecken, umhüllen. Symbol für Geborgenheit und Schutz, ein „Zuhause" haben, auch im Haus Gottes, der Kirche. Von der Höhle über das Zelt oder die Hütte – bei längerem Aufenthalt – wurde das Haus die älteste Wohnung der Menschen; Unbehauste, wie Obdachlose bzw. Berber, und Flüchtlinge wissen, dass „kein Haus haben" auch heißt, nicht beheimatet zu sein. Das Haus des Menschen wie das Haus Gottes soll „auf Fels" (= Gottvertrauen) gebaut sein (Mt 7,24–27), damit sie den Sturmfluten des Lebens widerstehen können. Darum in der katholischen Kirche auch die Haus- und Kirchweihe, um diese unter den besonderen Schutz Gottes zu stellen. – Das H. galt schon früh als heilig und unantastbar; auch heute gilt ein unberechtigtes Eindringen in ein H. als strafbare Handlung = Hausfriedensbruch.

Heiligenattribute: Gegenstände, die bestimmte Heilige leichter erkennbar machen, z.B.: Schriftrolle oder Buch: Apostel, Kirchenlehrer; Palmzweig, Schwert: Märtyrer; Adler: Evangelist Johannes; Drache: Georg, Michael; Hirsch mit Kreuz: Hubertus; Jesuskind: Antonius v. Padua, Christophorus; Lamm: Agnes, Johannes d.T.; Löwe: Hieronymus, Evangelist Markus; Orgel: Cäcilia; Pfeile: Sebastian, Ursula; Rad: Katharina von Alexandrien; Rost: Laurentius; Schlüssel: Petrus; Turm: Barbara.

Heiligenschein als Gloriole oder Strahlenkranz für Maria, Engel, Apostel, Propheten und Heilige. Als Scheibe mit Kreuz (= Kreuznimbus) für Christus; als Dreieck für Gott Vater; als Viereck für lebende bedeutende Personen. ↗ Aureole, ↗ Mandorla.

Heilkräuter, die in der richtigen Dosierung den *ganzen* Körper heilen, werden je nach Landschaft in verschiedener Auswahl (zwischen sieben bis einundzwanzig: wie Feldthymian, Königskerze, Leinkraut, Johanniskraut, Wermut ...) am Fest Mariä Aufnahme in den Himmel, 15. August (↗ Himmelfahrt), geweiht. Wie die Kräuter erst im Dahinwelken ihren vollen Duft verströmen, so erlangt Maria im Tod ihre Vollendung.* Jesus Christus ist *das* „Kraut gegen den Tod".

Heißluftballon, modernes Symbol für das Wirken des Hl. Geistes, dessen Zeichen Feuer und Wind sind: Feuerstöße heißer Luft bringen den H. zum Fliegen; er vertraut sich dem Wind an und kennt nicht den Landeplatz. Auch Sinnbild für die Gemeinde Christi: Ohne die Hilfe anderer kein Start; manchmal die Leinen kappen, um die Welt aus neuer Perspektive zu sehen; Ballast abwerfen ...*

Helm, Symbol für Stärke und Unverwundbarkeit; er gehört zu den Waffen des Glaubens (Eph 6,17). Da das Schultertuch des Priesters nach seiner Art es anzulegen, zuerst das Haupt umgibt, wird es auch „Helm des Heils" genannt, der die Pfeile des Bösen abhalten soll.

Herz, lebenswichtiges Zentralorgan; Symbol für den ganzen Menschen und für Liebe und Freundschaft im weltlichen Bereich (ein mit Pfeil durchbohrtes Herz = der vom Liebesgott Amor abgeschossene Pfeil) wie im religiösen (Hauptgebot: Gott von ganzem Herzen lieben). – Ein *flammendes, feuriges H.* wie bei Christusdarstellungen (= Herz

Jesu-Verehrung, Joh 19,34), Maria und Heiligen steht für besonders innige Liebe. Ein *von Pfeilen durchbohrtes H.* (= feurige Gottesliebe) weist auf Teresa von Avila; ein *mit sieben Schwertern* (= sieben Schmerzen nach Lk 2,35) *durchbohrtes H.* meint Maria. ↗ Lebkuchenherz.

Herzschrittmacher, verhilft dem aus dem Rhythmus geratenen Herzen durch elektrische Impulse wieder zum gleichmäßigen Schlag. Modernes Symbol für den Glauben an Gott, der in beängstigenden und bedrohlichen Lebenssituationen Gelassenheit und Vertrauen schenkt.*

Heu ↗ Stroh

Himmel, im biblischen Sprachgebrauch der Wohnort Gottes, der ihn aber nicht fassen kann; im „siebten Himmel" meint den Ort, dann den Zustand höchsten Glücks; im NT wird daraus die erwartete Erneuerung der gesamten Weltordnung: „Ich sah einen neuen Himmel und eine neue Erde" (Offb 21,1). In Jesus ist das „Reich der Himmel", das Reich Gottes angebrochen. – „Himmel" wird auch der Baldachin genannt, unter dem an Fronleichnam die Monstranz mit dem Allerheiligsten durch die Straßen getragen wird. Er erinnert an das Tragezelt der Israeliten, in dem die ↗ Bundeslade aufbewahrt wurde. ↗ Baldachin.

Himmelfahrt Jesu: „Eine Wolke entzog ihn ihren Blicken" (Apg 1,9): ↗ Wolke als Symbol für Gottes Gegenwart. Jesus kehrt damit zurück zum Vater. Häufige Darstellung in der Kunst: Eine Hand (= Gott Vater) greift aus einer Wolke und zieht Jesus hoch, oder er wird von zwei Engeln emporgehoben, während die Jünger staunend nach oben schauen. *Mariä Aufnahme in den Himmel,* Festtag am 15. August: Eine erhöhte Maria kniet im Strahlenkranz und empfängt von Gottvater und Christus die Krone, oder sie blickt alleine, von Wolken getragen, mit ausgebreiteten Armen sehnsuchtsvoll nach oben. Diese theol. Aussage wurde 1950 von Papst Pius XII. dogmatisiert.

Hirsch, in vielen Religionen verehrtes Tier; im jüd.-christl. Bereich häufig mit dem „Wasser des Lebens" dargestellt in Bezug zu Psalm 42,1: „Wie der Hirsch lechzt nach frischem Wasser, so lechzt meine Seele, Gott, nach dir." Von daher auch in Taufkapellen anzutreffen. – Attribut der Heiligen Eustachius und Hubertus, deren Legende von der Erscheinung eines Hirsches berichtet, der zwischen den Geweihstangen den Gekreuzigten trug.

Hirt: Bild für Gott als umsichtige, fürsorgliche Vaterfigur, des Hirten des Volkes Israel. Jesus, der Gute Hirt (und König: so wurde schon David von der Herde her zum König gerufen, vgl. 2 Sam 7,8), oft mit einem Lamm auf der Schulter, sucht die verirrten Schafe, vgl. Lk 15,4, und gibt sein Leben dafür, vgl. Joh 10,11. Nach der Auferstehung wird das Hirtenamt den Jüngern übertragen; zunächst auf Petrus, vgl. Joh 21,15ff, bis heute aber auf alle Seelsorger „oben“ (z.B. Hirtenbriefe der Bischöfe) wie „unten“ (= in der ev. Kirche, auch in kath. Gegenden, vom lat. Wort her „Pastor“ genannt). Der *Hirtenstab* als der wundersame Gottesstab, wie bei Mose (vgl. Ps 23,4), diente dabei zusätzlich dem Hirten als Stütze und Verteidigung der Herde zur Abwehr von reißenden Wölfen.* – Hirten waren zur Zeit der Geburt Jesu eine verachtete Randgruppe. Sie waren arm und z.T. auch kriminell. Dennoch wurde gerade ihnen als ersten das Kommen des Heilandes verkündet.

Hochzeit, in vielen Religionen feierlicher Ritus der Vereinigung von Mann und Frau, aber auch Gottes mit den Menschen. So im AT die „Ehe“ zwischen Jahwe und dem Volk Israel, im NT wird die christliche Kirche Braut Christi genannt; das Hochzeitsmahl ist Sinnbild der höchsten Freude. Nonnen erhalten bei ihrer Aufnahme ins Kloster (= ewige Gelübde) Schleier, Kranz und Ring als Zeichen der Vermählung mit Christus. Verschiedene „Bräute Christi“, wie Katharina von Siena oder Rosa von Lima, werden mit dem Brautring Christi dargestellt.

Höhle(n), spielen in Märchen und Sagen eine große Rolle. Viele Orakelstätten lagen in Höhlen: Symbol für verborgene Tiefe, in der Großes und Lebendiges wurzelt. Der dunkle Raum ist Symbol für die Geburt (= mütterlicher Schoß) wie für den Bereich des Todes. In der bildenden Kunst der Ostkirche wird die Geburt Jesu – die Bibel schweigt sich über die genaue Stätte aus – in einer Höhle zu Bethlehem, seine Beerdigung in einer Grabhöhle (= Hl. Grab) dargestellt. Damit wurden auch die Höhlenkulte der vorchristlichen Religionen verdrängt: Die „Höhlengeburt“ Jesu wie seine „Höllenfahrt“, in der er die Unterweltshöhle aufgebrochen hat, überbietet alles Dagewesene. – Es gab viele Höhlenkirchen im frühen Christentum. ↗ Katakomben. – Der Evangelist Johannes erhielt nach ostchristlicher Tradition seine Visionen in einer Höhle. – Viele Heilige verbrachten (vorübergehend) Jahre in Höhlen. – Maria erschien in Lourdes in einer Grottenhöhle.

Hölle, Herrschaftsbereich des Teufels, die selbstverschuldete, absolute Gottesferne, meist abschreckend nach Bibelstellen wie Mt 18,12; 25,41 oder Mk 9,47f illustriert. Der *Höllenrachen* eines Ungeheuers wird dabei das Gegenbild zum Schoß Abrahams (Lk 16,22).

Holzscheit, modernes Symbol für geduldiges Warten; frisch geschlagen und ins Feuer geworfen, zeigt es zuerst gelblich-weißen Rauch, der die Augen reizt, dann erst wird es schwarz und trocken, bevor die ersten Flämmchen aufzucken und es schließlich brennt und wärmt.

Honig ↗ Biene

Horn eines Tieres, Symbol für Stärke und Macht; so trug der israelitische Opferaltar Hörner, die in die vier Himmelsrichtungen (= Allmacht Gottes) zeigten. Der gehörnte Mose strahlte geistliche Gewalt aus (hier lag aber ein Übersetzungsfehler vor: „Strahlen“ wurden mit „Hörner“ verwechselt); das apokalyptische Lamm trug sieben Hörner (Offb 5,6). Negativ: der mit Hörnern dargestellte Teufel. *Füllhorn* = Symbol für Fülle und reiche Ernte und damit für Glück und Frieden.

Hostie, ungesäuertes, dünnes, gerundetes Brot, das bei der hl. Kommunion/ beim Abendmahl als „heiliges Brot“, „Himmelsbrot“, ↗ „Manna“, „Leib Christi“ ausgeteilt wird. Das Wort kommt aus dem Lateinischen: hostia = Opfer.

Hundertdreiundfünfzig: Diese symbolische Zahl meint die Gesamtheit aller Gerechten und Erleuchteten, die sich aus der Summe aller Zahlen von 1 bis 17 ergibt (17: zusammengesetzt aus der Ordnungszahl Zehn und der Zahl des Leben spendenden Geistes Sieben). Andere erklären sie mit der Anzahl der damals bekannten Fischsorten = *alle* Menschen soll der „Menschenfischer“ an Land ziehen – wie Petrus 153 Fische im Netz fing (Joh 21,11).

Hunger- oder Fastentuch, großes Tuch mit verschiedenen Darstellungen des Leidens Jesu oder der Leidenswerkzeuge. Es sollte seit Ende des 10. Jhs. den Menschen den Blick zum oft prunkvollen Altarkreuz verstellen, die als Sünder vom Kultgeschehen ausgeschlossen wurden. Nach einer Zeit der Buße sollte der Mensch wieder „hungern“ nach dem Anblick des Erlösungswerkes Christi. Daher rührt auch die weltliche Redensart „am Hungertuch nagen“ = hungern. Durch das Hilfswerk Misereor in Aachen, das meist im Abstand von zwei Jahren ein neues H. anbietet, lebt dieser alte Brauch wieder auf. – Violette Tücher verhüllen in der Fastenzeit zusätzlich alle Kreuze in der Kirche, heutzutage nur noch vom Passionssonntag (= 14 Tage vor Ostern) bis zur Karfreitagsliturgie. Dann werden alle Tücher – z.T. feierlich – abgenommen, weil zur Sterbestunde Jesu der ↗ Vorhang im Tempel zerriss (Mk 15,38).

Hut, Kopfbedeckung, auch bei Pilgern (mit einer Pilgermuschel verziert, wenn sie auf dem Weg zum Grab des hl. Jakobus sind); bei Kardinälen: Kardinalshut = Zeichen der Würde.

I

IHS, die ersten drei Buchstaben vom griech. Wort Jesus; Christussymbol; im Volksmund „Jesus, Heiland, Seligmacher“; im MA mit „Jesus Hominum Salvator“ (= Jesus, Heiland der Menschen) gedeutet; bei den Jesuiten „Jesus Habemus Socium“ (= Wir haben Jesus zum Verbündeten).

Ikone, in orthodoxen Kirchen und Häusern verehrtes Tafelbild (= „Fenster zum Himmel“) mit gnadenbringenden Darstellungen von Heiligem und Heiligen, gemalt von frommen Menschen nach festen Regeln (z.B. vorher fasten), oft mit einem Rahmen aus Gold und Silber reich verziert.

Ikonostase, in den Ostkirchen mit Ikonen geschmückte dreitürige hölzerne Bilderwand, die Altar und Gemeinderaum trennt. Ein besonderer Akzent liegt bei einer I. auf einer Darstellung von Christus, dem Allherrscher (rechts) und einer Marienikone (links). Die größere Mitteltür (= Himmelstor, hl. Pforte) darf nur von Priestern und Bischöfen durchschritten werden. Sie führt zum Altar.

INRI, die lat. Aufschrift am Kreuz Jesu: **J**esus **N**azarenus **R**ex **J**udaeorum = Jesus von Nazareth, König der Juden.

Iris, Pflanze mit schwertförmigen Blättern; griech. Wort für den ↗ Regenbogen, der seit AT den Bund Gottes mit den Menschen symbolisiert ↗ Schwertlilie.

Irrgarten, nach griechischer Mythologie die Behausung des gefährlichen Minotaurus (= halb Stier, halb Mensch), der in der Mitte lauerte, um zu vernichten. Modernes Sinnbild für den manchmal ausweglosen Lebensweg, in dessen Mitte Christus das Ungeheuer des Todes bereits besiegt hat. ↗ Labyrinth.

J

Jakobsmuschel ➚ Pilgermuschel

Jerusalem, himmlisches: Gemäß Offb 21f Stadt mit zwölf Toren auf zwölf Grundsteinen (= zwölf Apostel) aufgebaut = erwartete Endzeit, in der Gott mitten unter seinem Volke lebt ; in alten Kirchen oft als Mitte im ➚ Labyrinth (= Irrgarten des Lebens) dargestellt. ➚ Baldachin, ➚ Edelsteine, ➚ Mauer, ➚ Nacht, ➚ Narr, ➚ Perle, ➚ Smaragd, ➚ Stadt, ➚ Tür, ➚ Weiß.

Jerusalemer Kreuz ➚ Kreuz

Joch: Als Schulterjoch half es früher Menschen und Tieren, schwere Lasten leichter zu tragen. Symbol der Knechtschaft und Unterdrückung. Zerbrechen des Jochs = Ende der Unterwerfung. In der Bibel Sinnbild der sanften und gerechten Herrschaft Gottes, die Jesus denen anbietet, die ihm folgen (Mt 11,29). – Die ➚ Stola, Amtszeichen des Priesters, liegt wie ein Joch auf seinen Schultern; wie denn auch bei der Bischofsweihe das Evangelienbuch auf den Nacken des Weihekandidaten gelegt wird.

Johannisfeuer: Brauch zur Sommersonnenwende am 24. Juni, dem Tag des Geburtsfestes Johannes d. Täufers. Durch Höhenfeuer, Schwingen brennender Fackeln oder das Rollen von Feuerrädern und -fässern sollen dämonische Einflüsse abgewehrt werden, da die Sonnenkraft jetzt nachlässt.

Johanniterkreuz ➚ Kreuz*

K

Käfer, meist als stilisierter Skarabäus. Dieser Mistkäfer dreht aus Dung Kugeln, in die er seine Eier legt und von denen sich die Larven ernähren. Der fertig ausgebildete Käfer bricht von innen die Kugel auf = Sinnbild der Auferstehung aus der Verweslichkeit.

Kaffeemühle, wegen ihres eintönigen Geräusches beim Mahlen Sinnbild für oberflächliches, gebetsmühlenartiges Beten.

Kahn, auch Nachen, Barke, Boot: Mystisches Symbol für die Überfahrt vom Reich der Lebenden ins Reich der Toten; manchmal auf Grabsteinen; wenn Jesus mit im Boot abgebildet ist, ändert sich die Bedeutung: Mit Jesus im Boot brauchen wir auch den letzten Sturm, den Tod, nicht zu fürchten (Sturm auf dem Meer).

Kaktus, gutes Sinnbild für positives Denken: Nicht auf die Stacheln und Fehler eines Menschen sehen, sondern die möglichen Blüten entdecken; denn kein Kaktus hat die Stacheln so dicht, dass nicht Platz bliebe für eine Blüte. Der Mensch erfährt in der Regel so viel Zuwendung, dass eine Wurzel des Guten in ihm bleibt; manchmal muss man lange auf die Blüten warten, aber dann gehören sie zu den schönsten. So positiv be-

gegnete Jesus Zachäus, der Sünderin, dem Mörder am Kreuz ... und veränderte sie.*

Kalb ↗ Goldenes Kalb

Kamel, kann 17 Tage ohne Wasser leben und große Entfernungen unter schweren Lasten zurücklegen; von daher Sinnbild der Demut, des Dienens und des Gehorsams. Weil ein K. sich ohne Widerstand jede Mühsal aufladen lässt, kam „du Kamel!“ als Ausruf des Unverstandes auf. An der Krippe steht das K. vor allem für den Erdteil Asien; ↗ Elefant, ↗ Pferd. Im NT wird es namentlich erwähnt: „Eher geht ein K. durch ein Nadelöhr, als dass ein Reicher in das Reich Gottes gelangt!“ (Mt 19,24): Wer also nicht arm wird vor Gott und teilt, kann nicht in das Reich Gottes gelangen.

Kapuze, gehört u.a. zur Kleidung der Mönche: Konzentration geistiger Kraft (die Ablenkung wird ausgeschaltet), auch Möglichkeit des Sich-Zurückziehens.

Kartoffel, eindrucksvolles ↗ Erntedanksymbol, das die Phantasie aufzeigt, mit der Menschen die Gaben Gottes verantwortungsvoll umwandeln; denn Kartoffeln werden verarbeitet zu Reibekuchen, Kroketten, Püree, Chips, Klößen, Brat-, Salz-, Pellkartoffeln, Kartoffelpuffer und -gratin, -mehl sowie (den besonders von Kindern heiß geliebten) Pommes Frites!

Kastanienzweig, modernes Symbol für Hoffnung auf das kommende neue Leben: Hinter den herbstlichen Blättern sind bereits dicke Knospen zu sehen. Christen dürfen also hinter die Blätter dieser Welt sehen, um die ganze Wirklichkeit Gottes in den Blick zu bekommen.*

Katakomben: Unterirdische Grabgänge, in die Christen in den Verfolgungszeiten der ersten drei Jhe. auswichen und auf den Gräbern der Märtyrer Eucharistie feierten. Der ↗ Fisch als Geheimzeichen zeigte oft mit dem Kopf als Pfeil den Weg zum Eingang. Symbol für ein Christentum, das gerade in Verfolgungszeiten stark wurde.

Kelch, rundes Trinkgefäß aus Gold, Silber, Bronze, Ton oder Glas mit standfestem Fuß. Der Leidenskelch Christi am Ölberg (Mt 26,39: „Lass den Kelch an mir vorübergehen") wurde zum eucharistischen Kelch der Kirche (1 Kor 11,26). Dieses Symbol des Opfers Christi hat sein Vorbild im alttestamentlichen Opfer des Melchisedek (Gen 14,18), der Brot und Wein darbrachte. Auf vielen Darstellungen fängt der Kelch, von einem Engel gehalten, das Blut aus der Seitenwunde Christi auf. Häufig ist über einem Kelch die Hostie im Strahlenkranz als Zeichen für die Eucharistie. – Attribut von zahlreichen Heiligen, z.B. Johannes hält ihn, während sich eine Schlange aus dem Gifttrunk windet. Attribute für die Ecclesia (= Kirche) sind Kelch und ↗ Kreuz, für die Synagoge ein umgedrehter Kelch. – In neuerer Zeit ist der Messkelch auch Symbol der Hingabe: Fest mit der Erde verbunden (= Fuß des Kelches) öffnet er sich in der Linie der Hyperbel ins Unendliche. Was er dabei alles empfängt, gibt er in dienender Hingabe weiter. ↗ Schale.

Kelter, Symbol der Wandlung, denn aus gepressten Trauben wird der Wein; so aus Leid Freude, aus dem Tod neues Leben. Blut = Wein war bei einigen Völkern eine vertraute Vorstellung. – In der Bibel ist Jahwe selbst der zornige Keltertreter (Jes 63,3; Offb 19,15) im Gottesgericht, wenn auch schließlich der Wein der Freude dabei herauskommt. – Im MA, in der modernen Malerei und auf Hungertüchern wird Christus zum traubenstampfenden Heiland, der vom Kelterbalken (= Kreuz, auch Altar) niedergepresst wird, um mit seinem Blut, das manchmal in einen Kelch fließt, die Menschheit zu erlösen.

Kerubim ↗ Cherubim

Kerze, spielt als Lichtsymbol in der kath. Liturgie bei allen Feiern eine Rolle, außerdem als Tauf-, Kommunion-, Braut- und Sterbekerze, auf Adventskränzen und an Weihnachtsbäumen (= Jesus, das Licht der Welt), bis hin zu Kerzen auf den Gräbern (= Das ewige Licht leuchte ihnen!). – Die Kerze ist auch Symbol für eine Liebe, die sich verzehrt, um anderen Wärme, Licht und Orientierung zu geben. – Weil der brennende Docht das Wachs zum Schmelzen bringt, hat das Wachs Anteil am Feuer = Beziehung zwischen Geist und Materie. An Ostern Symbol des Glaubens an das Licht, das die Finsternis erhellt, beson-

ders in der *Osterkerze* (vgl. das Exsultet = Lobgesang auf die Osterkerze) erkennbar als Symbol für den auferstandenen Christus. – Das ↗ Ewige Licht in der Nähe des Tabernakels weist hin auf die Gegenwart Gottes (in dieser Bedeutung brennt es auch in jeder Synagoge) und Christi im eucharistischen Brot. – *Kerze mit drei Dochten*: Symbol für den *einen* Gott in drei Personen. – Kerzen als Attribut mancher Heiliger, z.B. trägt die hl. Luzia (lux = das Licht) Kerzen auf dem Kopf, weil ihre Hände mit Gaben für Arme und Eingekerkerte gefüllt waren. – Eine gewöhnliche Kirchenbuße im MA: mit brennender Kerze vor der Kirchentür stehen. – Heutzutage spielen Kerzen eine wichtige Rolle als spontanes Gedenklicht beim plötzlichen Tod eines Menschen oder bei Lichterketten als Zeichen der Solidarität in „brennenden" Anliegen.

Kette, Symbol des Verbundenseins – als Schmuck- oder Gliederkette. Manchmal Sinnbild der Beziehung zwischen Himmel und Erde; so wird das Gebet mit einer goldenen Kette verglichen; ↗ Gebetsschnur. – *Negativ:* Der überwundene Teufel, manchmal als ↗ Affe dargestellt, liegt in Ketten gebunden.

Kettenkarussell, ehemals sehr beliebt auf Kirchweihfesten = Kirmes und Märkten. Modernes Symbol für das Leben in Gott: Wir fliegen hoch hinaus, sind gehalten und kreisen um eine Mitte (= Liebe, Gott).*

Kirche, wird im Symbol der Arche, des Schiffes, des Netzes (in Anlehnung an Mt 13,47ff) dargestellt, als „Frau, mit der Sonne bekleidet …" (Offb 12) oder als „Ecclesia", als Frau mit sehenden Augen (im Gegensatz zur „Synagoge" mit verbundenen Augen), Krone und Triumphfahne, mit Kreuz und Kelch. – Die Stifter der Bettelorden, Dominikus und Franz v. Assisi werden als Stützen der wankenden Kirche gemalt. – Mit einem Kirchenmodell in der Hand sind des Öfteren GründerInnen dargestellt.

Kirchenfenster versinnbildlichen die Fülle des himml. Jerusalems. Modernes Symbol für Kirche Gottes: Jeder ist seit der Taufe als Scherbe eingefügt und ist wichtig, ob klein oder groß, kantig oder rund; das Bleiband der Liebe kann beschädigte Kanten ausgleichen; fehlt nur *eine* Scherbe, können Feuchtigkeit, Kälte und Ungeziefer eindringen; selbst ein verschmutztes Scheibchen lässt noch Leuchtkraft durch. Nur, wer *in* die Kirche geht, kann die Schönheit der Farben und Muster bestaunen und erkennt die Motive. Wichtig: Jedes Scherbchen lässt das Licht Gottes durchscheinen und wird so selbst zum farbigen Licht.*

Kirmes = Kirchweihfest, wurde immer schon mit einem weltlichen Fest verbunden, das sich mehr und mehr verselbständigte.

Klapper oder Ratsche wird verwendet, wenn die Kirchenglocken und Altarschellen während der Kartage verstummen. Nicht selten ziehen Kinder mit diesen hölzernen Instrumenten durch die Straßen und rufen die Gläubigen zum Gottesdienst.

Klee, ➚ Dreifaltigkeitssymbol. Wie die drei Blättchen des Klees, die sich voneinander unterscheiden, doch am Stiel untrennbar miteinander zur Einheit verbunden sind, so ist Gott einer und doch sind in ihm drei Personen. Attribut des Apostels der Iren, des hl. Patrick, auch in die Landesfahne aufgenommen. Heute noch schmücken die Iren am Festtag ihres Glaubensboten Hut und Heiligenbilder mit Kleesträußchen. – Das vierblättrige Kleeblatt (wegen seiner Seltenheit „Glücksklee" genannt) gilt als Glücksbringer, während das fünfblättrige Kleeblatt als Hinweis auf eine glückliche Ehe verstanden wird. ➚ Fünf.

Kleidung, Gewand: Nach Gen 3,7 Ausdruck der Schamhaftigkeit des Menschen. – Wechsel eines Kleides: Eintritt in einen neuen Lebensabschnitt, so beim Anlegen des Taufkleides (= Auferstehungsherrlichkeit) oder einer Kutte/eines Mönchsgewandes (= zweite Taufe als Verzicht auf die „Welt"). – Weiße Kleider bei Verstorbenen bedeuten: Die irdische Leiblichkeit ist überwunden. – Kleider auf den Weg legen, wie beim Einzug in Jerusalem, drückt Begeisterung aus; seine Kleider zerreißen: Trauer. – Wer im Büßerkleid Gottes Barmherzigkeit anruft, darf auf sie hoffen. – Jesu Kleider waren bei der Verklärung weiß wie das Licht (Mt 17,2), wie denn auch die Auserwählten mit weißen Kleidern vor dem Throne des Lammes stehen (Offb 7,9) und keiner ohne hochzeitliches Gewand am himmlischen Hochzeitsmahl teilnehmen darf (Mt 22,12). – Um das nahtlose Gewand Jesu würfelten die Soldaten unter dem Kreuz (Joh 19,23). In einem Leichentuch wurde Jesus beerdigt (Joh 19,40), das nach der Auferstehung zusammengefaltet im Grab lag und Petrus an den Auferstandenen glauben lässt (Joh 20,8).

Klingelbeutel = Kollektenkorb, der manchmal als Beutel mit einer Klingel versehen ist: Symbol für praktische Nächstenliebe (zweiter Teil des Hauptgebotes), die sich – nach dem Maß des Opfers der armen Witwe im Tempel (Mk 12,44) – im Teilen erweist.

Knecht Ruprecht ↗ Krampus

Kniebeuge *auf dem rechten Knie*: Ehrfurcht, Huldigung, Anbetung.– *Doppelte Kniebeuge*: noch tiefere Ehrerbietung, z.B. vor der ↗ Monstranz oder dem geöffneten ↗ Tabernakel. – Es kommt der Tag, an dem sich jedes Knie vor dem Namen Jesu beugt (Phil 2,10). – *Völliges Sich-Niederwerfen* (= Prostration oder eine so tiefe Verneigung, dass die Stirn den Boden berührt): völlige Hingabe und Bewusstsein der eigenen Ohnmacht, z.B. zu Beginn der Karfreitagsliturgie oder bei Personen, die einen höheren Grad kirchl. Weihe erhalten und so – ausgestreckt – während der Allerheiligenlitanei vor dem Altar liegen (wie früher ein Untergebener, selbst wenn er Fürst war, sich vor dem König oder Kaiser zuerst lang gestreckt auf den Boden legen musste).

Knien, symbolische Haltung als Zeichen der Huldigung und der Demut. So wie sich Untergebene vor dem Höhergestellten zunächst auf beide Knie werfen mussten, so knieten die Gläubigen während der ganzen Opfermesse bis zum 2. Vatikanischen Konzil. Die Kniebeuge nur für einen Augenblick mit leichtem Verneigen des Oberkörpers ist Zeichen der Anbetung (z.B. Mt 2,11: die Huldigung der Sterndeuter); doppelte ↗ Kniebeuge. – Knien auch als Bittgebärde oder Ausdruck von Schuldgefühl: Auf beiden Knien baten Kriegsgefangene oder Verbrecher um ihr Leben; auch Bittende in der Hl. Schrift knieten sich so, wie z.B. der Aussätzige und weitere zahlreiche Bittsteller (Mt 17,15; Mk 1,40); selbst Jesus am Ölberg (Lk 22,41). – Beben der Knie: Ausdruck von Angst, Schwäche (vgl. Jes 35,3). ↗ Gehen, ↗ Sitzen, ↗ Stehen.

Knoten ↗ Seil mit Knoten

Kohle, glühende, zur inneren Reinigung des Menschen auf die Zunge gelegt (Jes 6,6f). – K. im Weihrauchfass: Feuer Gottes, Hl. Geist, der uns (= kalte Kohle) durchglühen will, bis die Funken sprühen (= missionarisches Weitersagen der Botschaft). – Am Kohlefeuer verleugnete Petrus Jesus dreimal (Joh 18,16–27); dem gegenüber steht das dreimalige Bekenntnis der Liebe zu Jesus – ebenfalls am Kohlefeuer zum Ausdruck gebracht (Joh 21,9–17). *

Kollektenkorb ↗ Klingelbeutel

Kommunion, Bezeichnung für den Empfang des verwandelten Brotes und Weines in der Eucharistiefeier. Die K. will – vom Wortsinn „communio" (= Gemeinschaft) her – mit Gott und untereinander verbinden.

Kompass: Seine Nadel zeigt stets nach Norden, ist also zuverlässig beim Suchen nach einer gewünschten Richtung. Modernes Symbol für das Gewissen, das auch bei Verlust der Orientierung den Weg zum Guten finden lässt. – Ferner Symbol für unsere Lebensfahrt im ↗ Schiff der Kirche: Die Nadel ist auf den Hafen Gottes ausgerichtet, der uns in Jesus *den* Weg, die Wahrheit und das Leben schenkte (Joh 14,6). Wer sich an Jesus orientiert, wird auch starke Magnete (= Versuchungen, Zweifel, Schicksalsschläge) überwinden, die die Kompassnadel beeinflussen können.*

Kopfsalat, durchgeschnitten, zeigt an, dass er das „Herz“ im „Kopf“ hat: Modernes Sinnbild für die gesunde Mitte, die Kopf und Herz nicht trennt, ebenso wenig wie Erde von Himmel und Politik von Religion. In Jesus steht uns einer vor Augen, der diese gesunde „Mitte“ lebte.*

Korb, altes Symbol für den Mutterleib: Mose wurde in einem „Körbchen“ auf dem Wasser gefunden. – In der christl. Kunst nur Gebrauchsgegenstand zur Aufbewahrung des Brotes bei der wunderbaren Brotvermehrung oder beim himml. Freudenfest. – Im Korb wurde Saulus an der Stadtmauer herabgelassen, um aus Damaskus zu entfliehen (Apg 9,25). – Attribut der hl. Elisabeth: *Korb mit Rosen,* in die sich die Brote verwandelt hatten, als Heinrich Raspe, der Bruder ihres verstorbenen Mannes Ludwig, sie zu ertappen glaubte; er hatte ihr verboten, Brot an die Armen auszuteilen.* – *Schmutziger, geflochtener Korb,* öfter in Wasser getaucht, wird sauber: Gleichnis für den Sinn von Predigten und geistlicher Lektüre: Sie bleiben auf die Dauer nicht ohne reinigende Wirkung.

Krampus = Knecht Ruprecht: Begleiter des hl. Nikolaus, der diesen heidnischen Gesellen (= germanische Religion, aber auch „der Böse“) in seinem Gefolge hat. Kettenrasselnd und angsteinflößend wird er heutzutage von verantwortungsbewussten Eltern abgelehnt.

Kranz, in kreisrunder Form aus Laub oder Blumen unterscheidet er sich durch sein Material, aber kaum in der Bedeutung von einer ↗ Krone. In der Bibel bedeutet er Auszeichnung, Sieg, Ehre, Freude. Wer den ewigen Preis in der Rennbahn des Lebens errungen hat (1 Kor 9,24f), erhält von Gott den Siegeskranz aus Lorbeeren und Eichenblättern – so auf zahllosen Grabplatten und Sarkophagen; an Allerheiligen werden in der Abtei Maria Laach große Kränze aus Palmzweigen an den Wänden angebracht.* Fließender Übergang zum Kranz bei Beerdigungen oder Kranzniederlegungen an Gedenktagen – bis hin zum Siegeskranz, der Boxern, Rennfahrern usw. umgelegt wird: Immer geht es um Siegeszeichen. Auch der Richtkranz auf dem Haus ist eine Art Siegeszeichen: Der Hausbau ist geschafft. – Der *Erntekranz* will dem Geber aller Gaben danken. – Der ↗ *Adventskranz* aus Tannengrün mit vier Kerzen und roten oder violetten Schleifen ist eine Besonderheit im dt. Sprachraum: Symbol der Vorbereitung und Hoffnung auf das Kommen Christi. – Neu ist der Türkranz, bes. in der Adventszeit, der dann auch mit seinen Symbolen wie ↗ Schlüssel, ↗ Stern, ↗ Nuss, knospender ↗ Zweig (= Reis aus der Wurzel Jesse) an den Adventskranz und Gastfreundschaft erinnert.* ↗ Rosenkranz, ↗ Kreis.

Kräuter ↗ Heilkräuter

Krebs, da er den Panzer wechselt, Symbol der Auferstehung und von daher auch für Christus; bes. bei Nikolaus von Kues († 1464) beliebt.

Kreis, Symbol für die Ewigkeit (weil ohne Anfang und Ende; daher auch der Treue = zwei ineinander gefügte Kreise = Ringe als Symbol für die Ehe), der Vollkommenheit, des Absoluten (= Gott). – Der kosmische Urkreis symbolisiert sich in der Schlange, die sich selbst in den Schwanz beißt. – Kreis in einem Quadrat: der verborgene Funke göttlichen Lebens in der Materie. – Drei Kreise ineinander: ↗ Dreifaltigkeitssymbole ↗ Rad, ↗ Mandala.

Kreuz, bereits vor dem Christentum weit verbreitetes, einfachstes und ältestes Symbol (z.B. der vier Himmelsrichtungen, des Scheideweges, Sonnensymbol des Rades); so oft wie kein anderes Ursymbol in der Darstellung variiert. Im Christentum Sinnbild des Leidens, aber auch des Triumphes Christi. Zunächst zurückhaltend benutzt, weil der Kreuzestod als äußerst schimpflich galt. – Das lat. Kreuz wurde zum Grundriss vieler romanischer und gotischer Kirchen; das griech. Kreuz vieler byzantinischer und syrischer Kirchenbauten. – Das Baumkreuz mit Blättern und Blüten gilt als Symbol der Todesüberwindung. – Ein Kreuz innerhalb eines Kreises bedeutet die Verbindung zwischen Himmel und Erde. – Ein verborgenes Kreuzsymbol war oft im ↗ Anker gegeben. – In der christl. Welt sind Kreuze auf Kirchen und Bergen, in Wohnungen, am Wegrand und auf Grabsteinen zu finden, um an den Erlöser zu erinnern. Hier verschiedene Kreuze:

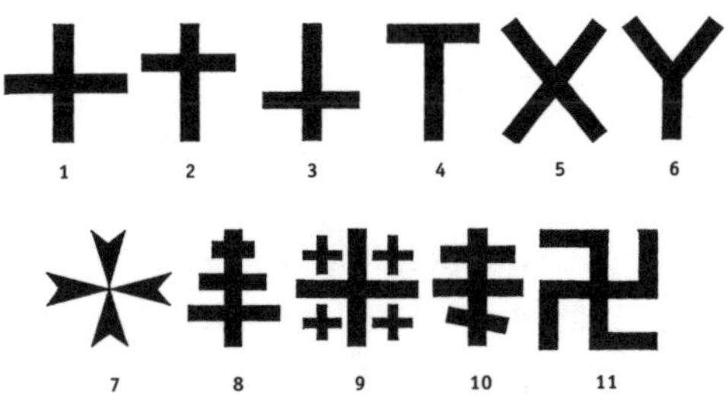

1 Griechisches Kreuz · **2** Lateinisches Kreuz oder Passionskreuz · **3** Petruskreuz · **4** Tau-, Antonius- oder ägyptisches Kreuz · **5** Andreas-Kreuz · **6** Gabel- oder Schächerkreuz · **7** Johanniter- und Malteserkreuz · **8** Päpstliches Kreuz · **9** Jerusalemer Kreuz · **10** Russisches Kreuz · **11** Swastika oder Hakenkreuz, das die Nazis als Zeichen ihrer Gewaltherrschaft missbrauchten.

Kreuzweg, Abschreiten von unterschiedlich vielen, heute in der Regel sieben oder vierzehn Stationen, die das Leiden Christi, meist von der Verurteilung bis zur Grablegung darstellen – in Kirchen, an Wegen und Wallfahrtsorten. Manchmal kommt eine fünfzehnte Station „Auferstehung" hinzu. Nicht alle Stationen sind biblisch belegbar. ➚ Weg.

Kreuzzeichen: Segensgestus, bei dem die rechte Hand das Kreuz schlägt, ausgehend von der Stirn, der Mitte unseres Geistes, bis zum Bauch, der Mitte unserer Gefühlswelt, dann von Schulter zu Schulter (wie ein Schutzmantel) unter den begleitenden Worten: Im Namen ... Oft zu Beginn eines Gottesdienstes oder Gebetes (hier manchmal nochmals am Ende).

Krippe: Als Futterkrippe für Tiere das Bett für den neugeborenen Gottessohn im Stall zu Bethlehem; in der byzant. Kunst eine Art gemauerter Opferaltar, der, wie auch der Kreuznimbus (➚ Heiligenschein um den Kopf des Kindes), bereits auf die Passion Jesu hinweist. – Im MA kommt der Brauch auf, die Szene der Geburt Jesu figürlich darzustellen, wohl zuerst bei Franz v. Assisi († 1226) im Wald von Greccio in den Abruzzen. Diese Weihnachtskrippe erfährt eine Überhöhung in der *Jahreskrippe*: Bibl. Szenen mit Figuren zeigen das ganze Jahr über, was aus dem Jesusknaben geworden ist oder was zu ihm hinführte. – Krippendarstellung in einer ➚ Nuss.*

Kristall ➚ Glas

Krokus, modernes Sinnbild für Mut, weil er selbst eine Schneedecke durchbricht, um den Frühling anzukündigen.

Krone, kunstvoller runder Kopfschmuck aus Edelmetall, oft mit wertvollen Edelsteinen und Perlen versehen, Ausdruck von Würde, Macht, Weihe und bis hin zum Kindergartenkind (zum Geburtstag oder Namenstag) als Ausdruck eines „festlichen Ausnahmezustandes". Wie weit dabei die Schere des Verhaltens auseinander gehen kann: Napoleon krönte sich selbst zum Kaiser, die hl. Elisabeth legte jedes Mal, wenn sie die Kirche betrat, ihre Krone ab. Früher trug der Papst die ➚ Tiara, den Kronreifen seiner weltlichen, geistlichen und (zweifelhaften) himmlischen Macht („Was du auf Erden binden wirst, wird auch im Himmel gebunden sein" Mt 16,19). – Die Bibel spricht von der Krone des Lebens und der Unsterblichkeit, die auf die Gerechten wartet. Christus selbst trägt „viele" Kronen auf seinem Haupt (Offb 19,12). – Als gekrönte Frauengestalten werden „Glaube", „Hoffnung" und die „Ecclesia" (= Kirche) – die „Synagoge" mit herabfallender Krone – dargestellt. ➚ *Dornenkrone,* die in der Märtyrerkrone fortgeführt wird. Krone und ➚ Kranz haben die gleiche Bedeutung.* – *Negativ:* Der rote Drache (= Satan) trägt in einer teuflischen Nachahmung Gottes auf seinen sieben Köpfen sieben Kronen (Offb 12,3 mit der Übersetzung: sieben Diademe).

Kröte, als Tier, das Dunkelheit und Feuchtigkeit liebt, in Märchen oft Schatzhüterin, auch von verborgener Weisheit; guter Hausgeist; manchmal aber auch giftiges Hexentier im Gegensatz zur eher positiven Symboldeutung des Frosches. Im MA oft Attribut bei der Darstellung des Todes als Skelett; steht auch für die Todsünden Wollust, Hochmut und Geiz, wie für den ↗ Teufel schlechthin.

Krug, aus dem Wasser des Lebens fließt, Sinnbild für die Taufe; auch auf frühchristl. Sarkophagen, oft mit Blättern, Ranken (= Lebensbaum) und trinkenden Vögeln dargestellt. – Sechs große Steinkrüge, die normalerweise der Reinigung dienten, stehen für das Weinwunder Jesu bei der Hochzeit zu Kana (Joh 2ff).

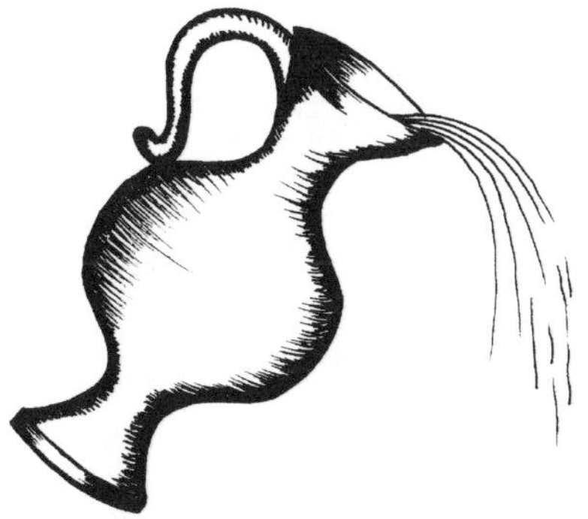

Krummstab, Hirtenstab von Äbten und Bischöfen, der auch die kirchl. Macht symbolisiert: bei Oberhirten der Ostkirchen sowie beim Papst meist in Form eines T-Kreuzes oder eines Kreuzes; im Westen oben eingerollt und in der Krümme mit Edelsteinen oder Figuren geschmückt. Diese Form kam zuerst als Abtszeichen von den irisch-schottischen Glaubensboten zu uns. – Nach dem Vorbild des Mose-Stabes werden ihm manchmal auch wundertätige Kräfte zugesprochen. ↗ Stab.

Kruzifix, Bild des leidenden Christus am ↗ Kreuz, vom lat. Wort „cruzifixus" her (= der ans Kreuz Geschlagene). Attribut vieler Heiliger, z.B. Franz v. Assisi, Katharina v. Siena.

Kübel, Wasserkübel, Attribut des hl. Florian, Patron der Feuerwehr, der ihn über eine Brandstelle ausgießt.

Kugel, auch für sie gilt die Symbolik des ↗ Kreises, ist also Symbol der absoluten Vollkommenheit und damit Gottes. Sie kennt kein oben und unten, kein vorn und hinten, kein rechts und links, keinen Anfang und kein Ende: *Ewig* kann mit dem Finger an ihr entlanggefahren werden. – Symbol für die Erdkugel, die im Reichsapfel, oft mit einem Kreuz versehen, und als ↗ Apfel in der Hand des Jesuskindes Weltherrschaft bedeutet. Die *Christbaumkugel* symbolisiert: Der geheimnisvolle ewige Gott ist in Jesus Christus sichtbar und greifbar geworden.* – *Negativ:* Kugeln aus Gewehren und Kanonen, die Leid und Tod bringen.

Kugelschreiber, modernes Zeichen für unser Leben: Eine Hand (Hand Gottes) hält ihn; die Farbe darin (die Liebe) ist uns geschenkt; sie fließt nur, wenn der K. nach unten gehalten wird (= dienen); ein Knopfdruck und die Mine springt ins Gehäuse zurück (= wir brauchen Zeiten der Ruhe und Stille).*

Kuppel, Gewölbe: in Kirchen und Klöstern oft Sinnbild für das Himmelsgewölbe; darum häufig mit Sternen und Engeln ausgemalt.

Kuss, Ausdruck der Liebe und Hingabe – manchmal mit Bedürfnis nach Vereinigung, ging immer über den weltlichen Bereich hinaus. So fand sich der *Begrüßungskuss* unter Verwandten und Freunden im *heiligen Kuss* (Röm 16,16; 1 Kor 16,20). Der *Bruderkuss,* auch unter „Genossen", fand seine Überhöhung im *Osterkuss* der Ostkirche oder im *Friedenskuss* (dabei wurde oft die „Pax-Tafel" aus Elfenbein, Metall oder Holz mit dem Bild des Gekreuzigten an die Gläubigen weitergereicht) als Zeichen der Zusammengehörigkeit. Der *Altarkuss* (Altar = Symbol für Christus; er gilt aber auch den im Altar ruhenden Märtyrerreliquien), Kuss des Kreuzes und der Bibel wie der Heiligenreliquien sind Symbol der geistigen Vereinigung wie der übernatürlichen Liebe (Muslime küssen den schwarzen Stein der Kaaba in Mekka). – *Füße küssen* bedeutete Ehrerbietung gegenüber Herrschern (auch Papst), Priestern, Richtern und Heiligen (z.B. hl. Matthias in Trier). – *Sühnekuss* im MA = Versöhnung. – Zugeworfene *Kusshand* ist ein Kussersatz. – *Negativ: Judaskuss* (Mt 26,49) = verratene Freundschaft.

Kutte ↗ Kleidung

L

Labyrinth: Irrgarten = abgründiges Sinnbild des menschlichen Lebens mit all seinen Prüfungen und Umwegen; in alten Kirchen auf Fußböden dargestellt (Chartres, Auxerre, Reste in Reims), oft aber vom Klerus wieder beseitigt („Wer an der Hand der ‚Mutter Kirche' bleibt, gerät in kein Labyrinth"). Im Zentrum oft das himmlische ↗ Jerusalem als Heilserwartung dargestellt. Jesus wurde der neue Theseus (↗ Ariadne-Faden), der ins L. stieg, um Tod und Teufel zu besiegen. Als Zeichen der Freude über den Sieg Christi tanzte der Bischof von Auxerre mit seinem Klerus zu Ostern dem L. entlang und warf ihm aus der Mitte einen ↗ Ball zu. – Pilger, die nicht ins Hl. Land wallfahren konnten, vollzogen im L. eine geistige Pilgerfahrt; in Chartres waren immerhin zweihundert Meter bei zwölf Quadratmetern Durchmesser auf den Knien zurückzulegen! – Über die Schulbücher und die Experimente von Hubertus Halbfas ist das L. wieder in Mode gekommen, auch in der Malerei: Z.B. zeigt das L. von Sieger Köder in der Mitte einen *blühenden Rosenstrauch* (= Ostern lässt aus Dornen Rosen wachsen); das Rosettenfenster von Chartres in der Westwand (die Mitte zeigt den wiederkommenden, richtenden Christus) hat denselben Durchmesser wie das darunter liegende Labyrinth. Um 90 Grad gesenkt, würde es das L. genau abdecken (= Gottes Barmherzigkeit deckt unseren unvollkommenen Lebensweg zu).* ↗ Spirale.

Lametta, aus weichem, schweren Stanniol, hängt senkrecht am Weihnachtsbaum herab: Es soll die auf den Menschen herabkommenden Strahlen der Gnade Gottes darstellen.

Lamm, Schaf, von alters her ein Opfertier, wird zum Symbol für Christus und seinen Opfertod. Wie das Blut des Paschalammes am Türpfosten die Israeliten vor dem Tod bewahrte, so rettet das „Gotteslamm" (= Jesus) durch sein vergossenes Blut am Holz des Kreuzes von

Sünde und Tod. Jesus starb in derselben Stunde, als im Tempel die Lämmer für das Paschafest geschlachtet wurden. – Das *Osterlamm* wird mit Sieges- oder Kreuzfahne, mit Kreuz oder Kreuznimbus dargestellt; das Blut fließt aus der Seitenwunde in einen Kelch = hl. Eucharistie. – Von Jesus wurde das die Schafe behütende Hirtenamt auf Petrus übertragen (Joh 21,15: Weide meine Lämmer). – Am Jüngsten Tag scheidet Christus die Böcke von den Schafen (Mt 25,32). Wer die Kleider im Blut des Lammes Christi reingewaschen hat, darf ins Gottesreich (Offb 7,14), zuvor aber sind alle noch wie Schafe unter die Wölfe geschickt (Mt 10,16). – Ein L. ist Attribut Johannes d.T., der ja auf Jesus als das „Lamm Gottes" hinwies (Joh 1,29).

Lampe, Tischlampe, ein modernes Symbol: Stromquelle ist Jesus, mit dem wir über das Kabel (= Glaube) in Kontakt bleiben; wenn der Strom (= Hl. Geist) fließt, kann jeder (= Birne) zum Licht für die Welt werden.*

Lanze, Leidenswerkzeug: Sie öffnete den Brustkorb und das ↗ Herz Jesu (Joh 19,34). – In der orthodoxen Liturgie ist es üblich, mit einer kleinen Lanze das eucharistische Brot zu segnen, zu öffnen oder zu teilen.

Laterne: Sie schützt eine Flamme gegen Wind und Regen; steht als Totenlaterne neben dem Leichnam, vor einem Totenhaus oder auf dem Grab. – Am Fest des hl. Martin mancherorts in Gestalt einer ↗ Gans, die sein Versteck verriet, als er nicht Bischof werden wollte. ↗ Fackel, ↗ Licht.

Lebensbaum ↗ Baum

Lebewesen, vier ↗ Evangelistensymbole

Lebkuchenherz, ursprünglich Festtagsgebäck an Weihnachten: Gott schenkte uns in seinem Sohn sein Herz (= GL 552); weil mit köstlichen Gewürzen angereichert, wird Gottes „Ich liebe die Menschen" in Jesus zur kräftigen Speise auf dem Weg durch die Wüste des Lebens. ↗ Manna. Das in den Weihnachtsbaum gehängte L. soll den Paradiesesbaum versinnbildlichen. – Unsere Antwort auf das Ja Gottes: Mein Herz will ich ihm schenken (GL 140, 2. Str.).*

Leichentuch ↗ Tuch

Leidenswerkzeuge, = Passionswerkzeuge, sind der Leidensgeschichte entnommen: Kreuz, meist drei Nägel, Dornenkrone, Aufschrift ↗ INRI (war ja als Spott gedacht), Rohrstab (Mk 15,19), ↗ Geißel, Essigschwamm, ↗ Schwamm, ↗ Lanze, Beutel mit 30 Silberlingen – herausfallend, Laterne des Knechtes Malchus und sein Ohr – oft noch am Kurzschwert des Petrus klebend; ↗ Hahn, spuckender Kopf, ohrfeigende Hand, Wasserschale mit Handtuch (= Verurteilung durch Pilatus), ↗ Schweißtuch der Veronika, der nahtlose Rock Jesu mit den Würfeln der verlosenden Soldateska; Hammer, der die Nägel einschlug; ↗ Zange, die sie herauszog; ↗ Leiter; Haltetücher bei der Abnahme Jesu vom Kreuz.

Leinenbinden ↗ Tuch

Leiter, Symbol des Aufstiegs („Stufenleiter" durcheilen; im weltlichen Sinne Karriereleiter), Verbindung zwischen Himmel und Erde; denn das Volk Israel und die Christenheit konnten sich nur einen Aufstieg zum Himmel „nach oben“ vorstellen. – Jakob träumt von der *Himmelsleiter* (Gen 28,11ff), auf der Engel auf- und niedersteigen (= Symbol der lebendigen Beziehung zwischen Gott und Mensch), oft auf Fresken und Bildern; auch im NT aufgegriffen (Joh 1,51). – Im Reiche Gottes gilt: Wer sich erniedrigt, wird erhöht. Jesus stieg herab und wurde Mensch (= auf alten Bildern lehnt oft eine L. am Stall zu Bethlehem, wie später auch am Kreuz v. Golgota). Er ließ sich taufen, erniedrigte sich unter das Kreuz, stieg in das Reich des Todes hinab, um dann erhöht zu werden: Auferstehung, Himmelfahrt, Sitzen zur Rechten Gottes. So wird Jesus zur sicheren Leiter, auf der wir zu Gott steigen können (GL 182, 4. Str.).* – Auf der *Tugendleiter* gelangt der Mensch nach „oben“, überall von Dämonen bedroht (er steigt höher durch Demut, hinab durch Stolz); die Anzahl der Sprossen entspricht dabei oft heiligen Zahlen, z.B. der ↗ Sieben. Klöster werden oft als Leiter zum Himmel („Scala Dei“) bezeichnet. – Auch Maria gilt als Himmelsleiter, weil durch sie Gott zur Erde niederstieg und durch sie (und ihren Sohn) Menschen zum Himmel aufsteigen. – Negativ: Der Turmbau von Babel ↗ Turm (vgl. Gen 11,4) mit den ↗ Treppen des Hochmuts und der Maßlosigkeit, auf der trotzige Himmelsstürmer scheiterten.

Leitplanke, modernes Symbol für Hilfe und Schutz, weil es die Straßenbenutzung sicherer macht: Schützt vor dem Sturz in Seitengräben oder einen Abgrund, bewahrt vor dem Aufprall auf einen Brückenpfeiler, Baum usw. oder auf der Autobahn vor einem Frontalzusammenstoß mit dem Gegenverkehr. Daher Symbol für die vorbeugende Kraft der Gebote, die nicht einengen, sondern die „Fahrt des Lebens“ sicherer machen möchten.* ↗ Boje, ↗ Begrenzungspfahl, ↗ Verkehrsschilder.

Lende, Hüft- und Leistengegend: gilt als Sitz der Zeugungskraft (aus den Lenden hervorkommen = gezeugt sein) und von daher als Symbol der Lebensquelle. – Auch Bild der Kraft (Spr 31,17: Eine tüchtige Frau gürtet ihre Hüften mit Kraft). – Oft Bild für Bereitschaft = Eure Lenden seien gegürtet (z.B. 1 Petr 1,13).

Leporello, harmonikaartig zusammenfaltbare Bilderreihe: Drei Bilder mit unterschiedlichen Motiven sind zerschnitten aufgeklebt, sodass der Betrachter von vorne, von links und rechts drei verschiedene Bilder sehen kann = modernes Sinnbild für die Tatsache, dass – je nach Standpunkt – die „Wahrheit“ von verschiedenen Blickwinkeln her gesehen werden kann (z.B. wird beim Generationenkonflikt der Jugendliche eine andere Sicht haben als der ältere Mensch). – Jesus stellt sich immer neben die Menschen, nicht ihnen gegenüber; so konnte er zunächst einmal ihre individuelle Sichtweise nachvollziehen und ihnen so gerechter begegnen (z.B. bei der Sünderin).*

Lerche, dieser Vogel baut sein Nest auf der Erde, steigt aber senkrecht zum Himmel auf; von daher Symbol für die Verbindung zwischen Himmel und Erde. Lieblingsvogel des hl. Franziskus.

Leuchter, erhöhter Halt für Kerzen, Symbol des (geistigen) Lichtes und Heils; spielt in den christlichen Gotteshäusern eine große Rolle, zumal er eine feierliche Stimmung verbreitet. – Symbol der Wachsamkeit (Mt 25,1ff: die fünf klugen Jungfrauen). – Auch Symbol für Maria: Sie fällt zwar auf Darstellungen mit dem Jesuskind mehr ins Auge, wird aber ganz als L. verstanden, der die „Kerze" (= Jesus, das Licht der Welt) trägt. ↗ Monstranz. – *Siebenarmiger Leuchter* aus reinem Gold: Symbol des AT, steht als „Menora" für das Judentum. – Als *Armleuchter* wird verspottet, wer wie ein vielarmiger Leuchter auf-

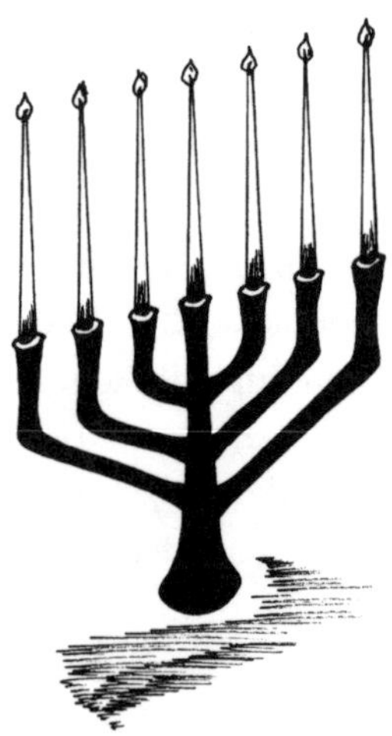

tritt, aber den Erwartungen nicht entsprechen kann, oder anders: Besser ein Christ, der sein Licht auf einen Leuchter setzt, als hundert Taufscheinchristen, die einen Kessel darüber stülpen (vgl. Mt 5,14–16).

Leuchtkäfer ↗ Glühwürmchen

Leuchtturm, zeigt den sicheren Hafen an; schon in vorchristl. Zeit bekannt; auf altchristl. Grabsteinen mit der Bedeutung: Heimfinden ins ewige Licht, dem das Lebensschiff zusteuert. Heute übertragen auf das Schiff der Kirche: mit Hilfe des L. (= Wort Gottes, Heilige, heiligmäßige Menschen) den Weg zum Hafen Gottes finden.

Leviathan, Ungeheuer der altorientalischen Mythologie, Verkörperung des Teufels oder des Antichristen, von Gott besiegt, aber noch nicht endgültig vernichtet. Ähnlich ↗ Drache, ↗ Schlange, ↗ Wal.

Licht, uraltes Symbol in allen Religionen für Gott (der in unzugänglichem Licht wohnt, vgl. 1 Tim 6,16; Gott ist Licht und in ihm ist keine Finsternis, vgl. 1 Joh 1,5), Geist und Quelle alles Guten. Die Scheidung von Dunkel und Licht am Uranfang („Es werde Licht!") spielt bei vielen Völkern eine wichtige Rolle. Auf dieses Licht ist der Mensch angewiesen. Schon die Geburt wird umschrieben mit „Das Licht der Welt erblicken". Christus ist *das* Licht, das jeden Menschen erleuchtet (Joh 1,9): „Ich bin das Licht der Welt" (Joh 8,12)!, auch im himmlischen ↗ Jerusalem ist das Lamm die Lichtquelle (Offb 21,23); vgl. Tauf-, Kommunion-, Braut- und Sterbekerze. Besonders in der Osternacht wird dieses Licht in der Osterkerze mit dem Ruf „Lumen Christi" (= Christus, das Licht) hervorgehoben. ↗ Kerze. – Dieses Licht sollen Christen hinaustragen (Mt 5,14ff); wem das besonders gelungen ist, erhält auf Darstellungen als Zeichen der großen geistigen Erleuchtung eine ↗ Aureole, ↗ Mandorla, einen ↗ Nimbus oder ↗ Heiligenschein. – Das ↗ *Ewige Licht* neben dem Tabernakel soll an das Licht Gottes erinnern, das bis in die Dunkelheit des Todes hineinleuchtet. – Das in den dunklen romanischen Kirchenraum eindringende Licht galt als Sinnbild für Christus; das Fenster selbst für Maria, die erst aufleuchtete, als sie den göttlichen Sonnenstrahl empfing.

Lila ↗ Violett

Lilie, weiß: Attribut zahlreicher Heiliger. Symbol der Unschuld, Reinheit und Jungfräulichkeit. Auf Darstellungen der Verkündigung an Maria trägt der Erzengel Gabriel oft Lilien in der Hand. Auch als Symbol der vollkommenen Liebe und des Sich-Auslieferns an die Liebe Gottes. Als Attribut bei Josef, Katharina von Siena, Klara von Assisi, Philipp Neri, Antonius v. Padua. – „Lernt von den Lilien auf dem Felde" (Mt 6,28) = Symbol der vertrauensvollen Hingabe an Gott. – Eine Lilie statt eines zweischneidigen Schwertes im Munde des Weltenrichters ist Symbol der Gnade und Auserwählung. – Einem jung verstorbenen Mädchen werden heute noch manchmal L. mit ins Grab gelegt (Symbol der Reinheit). ↗ Lotosblume.

Linnen, alter Ausdruck für das Leinen. Als Leinentuch über dem Altar, auch als Altartuch (= Korporale) quadratisch unter Kelch und Hostienschale wie auch als Kleidungsstück für alle, die am Altar dienen (weißes ↗ Kleid, Rochett): Symbol für die Reinheit des Herzens. ↗ Tuch.

Lokomotive mit Wagen, manchmal modernes Symbol zum Thema Nachfolge oder Erstkommunion: Wenn nicht die Verbindung zwischen Zugmaschine (Christus) und Wagen (Mensch) gehalten wird, „bleibt der Wagen auf der Strecke". (Vgl. Joh 15,1–5: Weinstock-Reben.)

Lorbeer, Symbol für Sieg und Triumph, auch als Ehrung bei besonderen Leistungen in Wissenschaft und Kunst; seine Blätter werden zum Siegeskranz gebunden ↗ Kranz; oft in der kirchl. Kunst der ersten Jahrhunderte.

Lot, Senkblei: Schweres Gewicht an einer Schnur zur Feststellung der Senkrechten an Bauten und zur Messung von Wassertiefen vom Schiff aus (= Echolot). „Alles im Lot" bedeutet: Alles ist „senkrecht" = korrekt. Modernes Symbol für Jesus Christus, der für uns „Weg, Wahrheit und Leben" (Joh 14,6) ist und die Wege aufgezeigt hat, die unsere Welt wieder ins Lot bringen können. – Auch Hohlmaß, als solches Symbol für Maß und Gerechtigkeit.

Lotosblume, die asiatische Art der Seerose, spielt in vielen Religionen eine bedeutende Rolle: altes Lichtsymbol, da sie am Abend ihre Blüte schließt, sich tief ins Wasser zurückzieht, um sich erst wieder beim Sonnenaufgang zu öffnen.

Sie ist eine „hl. Pflanze", Sinnbild für Schönheit, ewiges Leben, Reinheit. Da sie gerade in schmutzigen, schlammigen Gewässern üppig gedeiht, gilt sie als das Reine, das das Unreine überwindet. So stellte die neueste christl. Kunst Maria als unbefleckt empfangene Jungfrau auf einer Seerose dar. Der wohlriechende Duft der blauen L. gilt als Leben erneuernd. Buddha wird aus der L. hervorgehend dargestellt, Brahma auf einem Lotosblatt ruhend. Die achtblättrige L. gilt als Symbol der kosmischen Harmonie, die tausendblättrige als Symbol der Gesamtheit aller geistigen Offenbarung. – In der Bibel wird sie mit dem gleichen Namen wie die ↗ Lilie genannt. – Modernes Symbol für den Menschen: in der Erde verwurzelt, aus dem Wasser kommend (auch Bezug zur Taufe), öffnet sie sich der Sonne (= Gott).*

Löwe, König der Tiere, weit verbreitetes Symboltier in Wappen; wachende Löwen an romanischen Kirchenportalen, zentralen Kirchenfenstern und Thronsesseln der Bischöfe (Zeichen der Macht am Thron Salomos, vgl. 1 Kön 10,18–21); als wasserspeiende Löwen an Brunnen vor Kircheneingängen, wie z.B. in Maria Laach; als Hüter des Leben spendenden Wassers an mittelalterl. Taufsteinen, die von Löwen getragen werden. – Gott gleicht dem Löwen in seiner Macht, der Stamm Juda wird mit einem Löwen verglichen und Christus wird als „Löwe von Juda" bezeichnet, vgl. Offb 5,5. – Brüllende Löwen (= neue Kraft) auch auf alten christl. Grabmälern als Symbol der Auferweckung der Toten durch Christus. – Attribut des Evangelisten Markus (als „Stimme des Rufenden in der Wüste"), Wappentier Venedigs; auch des hl. Hieronymus, der – nach der Legende – einen wilden L. dadurch zähmte, dass er ihn von einem Dorn in der Pranke befreite.

Löwenzahn: Heilpflanze. Wegen der sonnenartig strahlenden Blüte im MA Christus und Maria zugeordnet. – Modernes Symbol des Widerstandes und der Selbstbehauptung: anspruchslos, sitzt zäh im Erdreich und verstreut kilometerweit seine Fallschirmsamen. So trieb schon die erste Verfolgung die Jünger aus Jerusalem = vom Wind des Hl. Geistes wurde die Botschaft hinausgetragen. – Modernes tröstliches Symbol für das Alter: Wenn das pralle Gelb des Lebens verblüht ist, die „Haare" der Pusteblume weiß geworden sind, begeben sich gerade die Enkel gerne in die Nähe der Großeltern und übersehen deren Falten und Gebrechlichkeit.*

Luft, ↗ Wind, Atem, gehört neben ↗ Erde, ↗ Wasser und ↗ Feuer zu den vier Elementen, zu den Ursymbolen, die zur „Tiefenschicht jeder Weltanschauung gehören". – Gott bläst dem geschaffenen Menschen den Odem (= Atem Gottes) ein; der Atem wird auch zum letzten Lebenszeichen, wenn früher mit der Flaumfeder geprüft wurde, ob ein Mensch tot war oder nicht. – Symbol des unsichtbaren, aber in seinen Wirkungen spürbaren Geistes, des Hl. Geistes, der an Pfingsten den Jüngern neues Leben einhauchte. „Ich brauche frische Luft!" gilt als Ausruf, um aus verbrauchter, stickiger Luft (= Vorurteilen, einengendem Denken usw.) auszubrechen.

Luftballon, zunächst modernes Symbol für Fröhlichkeit und Feste, aber auch Symbol für innere Belastungen wie Negativstress, der die Psyche des Menschen zum „Zerplatzen" (= Nervenzusammenbruch, Amok, psychisch-körperliche Krankheiten) bringt, wenn nicht zeitig genug „Luft abgelassen" wird (= Zeit für sich selbst, Entspannung, Besinnung, Hobby, frohe Gemeinschaft).*

Luftschlange, modernes Symbol an Karneval für Freude, Tanz, Ausgelassenheit. Weil schnell herabzureißen, leicht zu entsorgen und zu verbrennen (Aschermittwoch!), auch Zeichen für eitle Vergänglichkeit.

Lupe, Vergrößerungsglas, Symbol für genaues Hinsehen, z.B. die Wunder der Natur betrachten, „hinter die Fassaden schauen" ... Jesus ging oft nahe auf einzelne Menschen zu: bei der Blindenheilung, dem Taubstummen, den Kindern und Kranken ... ↗ Brennglas.

Luzifer, einst der schönste aller geschaffenen ↗ Engel, der „Lichtbringer", wird durch Neid, Stolz und dem anmaßenden Wunsch, Gott gleich sein zu wollen, zum Inbegriff der Finsternis und vom Gegenspieler, dem Erzengel Michael, in die ↗ Hölle gestürzt. So wird L. zum Sinnbild alles Negativen und Hässlichen: als ewiger Zerstörer, gehörnt, geflügelt, bocksbeinig, als Hinkebein, mit Rattenschwanz, nach Pech und Schwefel stinkend, als listige Schlange, Furcht erregender Drache, aber auch als kleine dunkle Gestalt, die auf der Schulter des Menschen sitzt und unablässig böse Gedanken zuflüstert; er ist letztlich der ewige Verlierer, von daher der „arme Teufel", der, von Gott zwar geschaffen und ungeheuer mächtig, ihm nie ebenbürtig wird, aber auch keinen Platz mehr in seiner Nähe hat; in Gottes Liebe ist kein Raum für Hass. – Christus wurde zum wahren „Lichtbringer", der Luzifer endgültig überwindet.

M

Magnet: Bereits im MA gab es den christl. Spruch: „Liebe ist der Liebe Magnet; willst du geliebt sein, so liebe." – Modernes Symbol für Christus („Kommt alle zu mir", Mt 11,28), den die Hand Gottes über unsere Erde hielt. – An Pfingsten bewies der Hl. Geist seine Kraft, als er die ängstlich auseinander fallende Jüngerschaft wieder magnetisierte (Religion heißt: sich binden an einen). So wie Stars, Sportler, Politiker, Papst und Bischöfe vielfach eine große Anziehungskraft ausüben, sollen auch die Christen andere anziehen – wie der Magnet die an ihm hängenden Nadeln und Schrauben magnetisiert, sodass sie ihrerseits anziehen können.*
Negativ: Eine im MA weit verbreitete Fabel berichtet von einem Magnetberg (= Sünde), der jedes vorüberfahrende Schiff (= Lebensschiff) in seinen eisernen Teilen anzog und es zerschellen ließ. Maria aber, der Meeresstern, konnte aus den Fluten retten.

„Maiestas Domini", Frontaldarstellung des thronenden Christus mit erhobener rechter Segenshand und in der Linken das ↗ Buch des Lebens, oft von einer ↗ Mandorla und den vier ↗ Evangelistensymbolen umgeben.

Maiglöckchen, Heilpflanze. Als Attribut von Christus und Maria verweisen sie auf das „Heil der Welt" (hier auch anstelle der ↗ Lilie). – Auf Gemälden vom Endgericht ist das M. immer auf der Seite der Seligen zu finden. – Das M. wurde als Symbol der Reinheit z.B. den Konfirmanden mit in die Kirche gegeben.

Malteserkreuz ↗ Kreuz*

Mandala, Meditationsbild, bes. in indischen und buddhistischen Religionen, aber auch im Westen wieder sehr aktuell (Rosettenfenster in der Westwand eines Domes, den wiederkommenden Christus zeigend), in Form eines ↗ Kreises oder Vieleckes, mit bildhaft abstrakten Elementen durchsetzt. Auf dem Weg zur Mitte (= Gott, Göttliches) gutes Hilfsmittel für Meditationen oder Stilleübungen bei Jung und Alt, bes. wenn sie mit Naturprodukten gelegt werden.

Mandel, süße Frucht in harter Schale = Symbol der Suche nach dem wesentlicheren Geistigen, das hinter Äußerlichkeiten verborgen liegt. – Weil es mühsam ist, den genießbaren Kern herauszulösen, auch ein Symbol für Geduld. – Weil der *Mandelbaum* sehr früh blüht (im Mittelmeerraum schon im Januar), ist er auch Symbol für die Wachsamkeit. Der Stab Aarons (Num 17,23) war von einem Mandelbaum. – In der christl. Tradition Symbol für Christus, der seine göttliche Natur (= Kern) in der menschlichen (= Schale) verbirgt. „Schaut hinter die Schalen dieser Welt, dann entdeckt ihr den wunderbaren Kern, den wiederkommenden Allherrscher" (nach Christine Heuser).* ↗ Mandorla.

Mandorla, mandelförmiger Lichtschein ähnlich der ↗ Aureole; die M. soll die göttliche Gegenwart anzeigen, aber dieses Licht zugleich auch verschleiern. Sie gebührt nur dem verherrlichten Christus und Maria (= Christus hat sich in ihr gebildet wie der Mandelkern in der unverletzt bleibenden Schale). ↗ Mandel.

Manna, wie Honigkuchen schmeckende Nahrung (Ex 16,31) (= Flechte einer Pflanze), das die Israeliten auf ihrer vierzig Jahre währenden Wanderung durch die Wüste stärkte. Der Name kommt von „Was ist das?" (hebr. „man hu"). – Der Name M. wurde auf das Himmelsbrot (= Leib Christi) übertragen, das in der Wüste des Lebens stärkt.

Mantel, Symbol der Würde, z.B. der Königsmantel, oder des Schutzes: „Mantelkinder" (= vorehelich geborene Kinder, aber auch zu adoptierende) nahm der Vater unter seinen Mantel. Verfolgte konnten sich unter den Mantel eines Herrschers flüchten und fanden so Gnade. Von daher auch die *Schutzmantelmadonna*: Als Mutter aller Menschen „adoptierte" sie alle Kinder Evas (GL 595: Maria, breit den Mantel aus). Gegebenenfalls konnte ein ↗ Schleier die Funktion des Mantels übernehmen. – Berühmt die Szene der *Mantelteilung* beim hl. Martin.

Mariensymbole: u.a. „neue Eva", verschlossener ↗ Garten, Paradiesgärtlein, ↗ Lilie, ↗ Morgenstern, ↗ Brunnen, ↗ Himmelspforte, ↗ Muschel, ↗ Pfingstrose (= Rose ohne Dornen), ↗ Rose, ↗ Veilchen, brennender ↗ Dornbusch, ↗ Bundeslade, ↗ Spiegel (der das Bild aufnimmt, ohne irgendwie verletzt zu werden), ↗ Regenbogen (der mitten im Regen unversehrt bleibt).

Marionette, Figur an Fäden, Drähten oder Stäben, meist von oben gehalten oder bewegt; Symbol der Abhängigkeit des Menschen oder willenlosen Steuerung, aus der Jesus befreite = symbolisch deutbar in der Heilung der gekrümmten Frau am Sabbat (Lk 13, 10–17), in der Erweckung des Lazarus (Joh 11,17ff) und in anderen Wundertaten.*

Marterl ↗ Bildstock

Masken, verzerrte Gesichtsausdrücke von Tieren, Menschen oder Teufel; ob im Theater, beim Karneval oder bei Toten: M. spiegeln das „Theater des Lebens" wider und verdecken Angst, schwache Stellen und Ohnmacht des Menschen;

M. sollen – bei allen Völkern – böse Geister abschrecken (darum auf Kapitellen von Kirchen oder als Schnitzereien an Chorstühlen). Da Gott die Menschen kennt, wie sie sind (Ps 139, 1–3: „Du durchschaust mich"), und Jesus die „Mächte der Finsternis" besiegt hat, brauchen Gläubige keine Masken. – M. sind Sinnbild für das Verbergen des wahren Ichs hinter einem künstlichen, heuchlerischen Gesicht, mit dem Jesus streng ins Gericht ging („Wehe euch, ihr Heuchler!").*

Matrjoschka ↗ Babuschka

Mauer, Symbol des Schutzes; ihr Niederreißen oder Schleifen bedeutet Ohnmacht, Ausgeliefertsein. Das himml. ↗ Jerusalem ist von mächtigen Mauern (= absoluter Schutz Gottes) umgeben (Offb 21,12). – M. auch Symbol der Unfreiheit, jedoch sind mit Gott alle Mauern zu überwinden – wie die von Jericho. In Jesus sind die trennenden Mauern (= Scheidewand) zwischen Juden und Heiden (Eph 2,14), Sklaven und Freien, Mann und Frau (Gal 3,28) niedergerissen. – In die *Klagemauer* zu Jerusalem stecken Juden ihre Bitten und Gebete. – Nicht nur der „Eiserne Vorhang" oder die „Berliner Mauer" erinnern an Unfreiheit; es gibt noch zu viele *unsichtbare Mauern* des Hasses, der Feindschaft, des Misstrauens, des Schweigens, der eisigen Kälte, der Vorurteile …

Meer(es)stern, Symbol für Maria, weil sie über den Wogen und Stürmen der Welt richtungweisend und trostspendend erstrahlt. ↗ Morgenstern.

Menora: Siebenarmiger ↗ Leuchter

Mensch, Attribut des Evangelisten Matthäus. ↗ Evangelistensymbole.

Messer, Opferinstrument in der Hand Abrahams bei der Opferung Isaaks (Gen 22,10); Instrument für die Beschneidung eines männlichen Kindes acht Tage nach seiner Geburt (= Eingliederung in die jüd. Glaubensgemeinschaft). – Attribut des hl. Bartholomäus (= Henkermesser, mit dem ihm die Haut bei lebendigem Leibe abgezogen wurde).

Mesusa, Kapsel am rechten Türpfosten eines jüd. Hauseinganges, in der auf einer kleinen Pergamentrolle das handgeschriebene Glaubensbekenntnis steht, siehe Dtn 6,4–9 „Höre, Israel, …". Symbol bei Aktionen im Advent oder in der Fastenzeit: In einem Bambusröhrchen, das als Halsschmuck getragen wird, ein auf ein Papierröllchen geschriebenes wichtiges Bibelwort mit in den Alltag nehmen.*

Metallspiegel, auf die Sonne ausgerichtete Spiegel, die „sauber“ Energie gewinnen für Strom, warmes Wasser usw. Modernes Symbol für Christen, die sich nach der Sonne Gottes ausrichten und Licht, Wärme und Liebe an die Umgebung weitergeben.

Metronom, Taktmesser, z.B. beim Klavierspielen. Sein gleichmäßiges eindringliches Ticken kann an verrinnende Zeit erinnern, die uns der Ewigkeit und der Begegnung mit dem wiederkommenden Christus näher bringt.* ↗ Sanduhr.

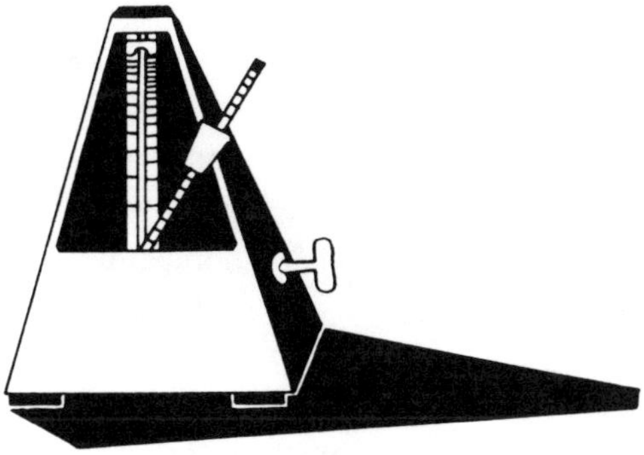

Milch: „Milch gebe ich euch zu trinken“ (1 Kor 3,2) bedeutet: Der Apostel verkündet die Anfänge der Botschaft leicht verständlich. – Im MA wurde Maria gerne stillend dargestellt (im Gegensatz dazu die böse Mutter, die Schlangen an ihrem Busen nährt). – *„Milch und Honig“* fließen im versprochenen Gelobten Land (= üppige Weideflächen, genügend Wasser; im übertragenen Sinne: äußeres Glück und Leben in Fülle).

Mistkäfer ↗ Käfer

Mitra, Kopfbedeckung eines Abtes oder Bischofs. Der wie ein „geöffnetes Fischmaul“ aussehende obere Teil wird mit den beiden Testamenten der Bibel oder den beiden Hörnern (↗ Horn) bei Mose in Verbindung gebracht.

Mobile, modernes Symbol für harmonisches Zusammenleben: Alle Elemente sind miteinander verbunden; kommt ein weiteres Element hinzu, müssen sich alle neu einpendeln; kleine Elemente werden von den größeren getragen; die Elemente bewegen sich ständig und harmonisch, ohne anzustoßen; das M. ist an einem zentralen Punkt (= Gott) festgemacht.*

Moloch, ursprünglich kanaanäischer Gott, dem Menschenopfer dargebracht wurden. Im übertragenen Sinne: menschenverachtende Instanzen und Staatssysteme, die vor Mord und Totschlag nicht zurückschrecken.

Mönchsgewand ↗ Kleidung

Mönchsstab, in der Regel ein Tau-Kreuz ↗ Kreuz; es erhielt – nach dem Einsiedler Antonius – auch den Namen „Antoniuskreuz“. ↗ Stab.

Mond als Beherrscher der Nacht, in Abhängigkeit von der ↗ Sonne, die er reflektiert, spielt er in den meisten Völkern eine besondere Rolle: Die Mondphasen waren schon in allen frühen Kulturen Maß für den Monat und den Kalender. Durch seine ständig wechselnde Gestalt „lebt“ er und steht mit vielen Lebensrhythmen auf der Erde in Verbindung (Ebbe und Flut, Regen, Regel der Frau); daher Symbol der Wandlung und des Wachstums, dem weiblichen Prinzip des Yin (= mild, anlehnungsbedürftig) nahe stehend. – Sonne und Mond werden gerne rechts und links vom Gekreuzigten dargestellt = die ganze Schöpfung trauert mit. Bei der Bedeutung von „Sonne" als männlichem Prinzip und „Mond" als weiblichem, trauert darin sogar die ganze Menschheit. – Mond als modernes Symbol für die Kirche, die nicht aus eigener Kraft leuchtet, sondern das Licht der Sonne (= Gott, Jesus Christus) zurückstrahlt; so erhellt sie die Dunkelheit: Die Menschen sehen sie, können sich in ihrem Licht zurechtfinden, sehnen sich aber nach der Sonne.* ↗Halbmond.

Monstranz, vergoldetes oder versilbertes kostbares Zeigegerät (monstrare = zeigen, demonstrieren), in deren Mitte die von einer Lunula (= halbmondförmiger Halter) getragene geweihte Hostie (oder Reliquie) ausgestellt wird. An Fronleichnam wird sie – im Gedenken an die Einsetzung der Eucharistie am Gründonnerstag – in feierlicher Prozession unter einem Traghimmel (↗ Baldachin) in die Öffentlichkeit getragen. Die Monstranzform ähnelt meist einer Sonne (= Strahlenmonstranz), aber auch einem Baum oder Kranz, manchmal von Symbolen für Wein (= Reben) und Brot (= Ähren) umgeben. – Auch Symbol für Maria (= Monstranz, die ins Auge springt), die Jesus trägt (klein, aber Mitte und Mittelpunkt; ähnlich ↗ Leuchter mit Kerze).

Morgenröte ↗ Morgenstern

Morgenstern, der leuchtendste Stern, Symbol für Jesus (Offb 22,16), der in der Nacht aus einer Jungfrau geboren wurde und in der Nacht vom Tode auferstand; im „Exsultet", dem feierlichen Jubelgesang der Osternacht, wird der über alle Nacht siegende Christus so genannt. – Auch Symbol für Maria – wie die Morgenröte –, weil sie dem Aufgang der Christussonne vorausgeht: In der Lauretanischen Litanei (GL 769) wird sie „Morgenstern" genannt. ↗ Stern.

Mühlrad, modernes Symbol für eine Gemeinschaft, die zusammenhält: Wenn alle Schaufeln mitmachen, das Wasser (der Ereignisse) aufgefangen wird, dann kann Energie gewonnen werden, die das Getreide mahlt oder die Umgebung mit Strom versorgt.

Mühlstein, in der Bibel meist negativ, so Mt 18,6: Wer ein Kind, das an Jesus glaubt, zum Bösen verführt, der gehört mit einem M. um den Hals ins Meer versenkt. – Ein Engel wirft einen großen M. ins Meer zum Zeichen wider Rom, das neue sündige Babylon (Offb 18,21f) ↗ Babel. – Attribut bei Heiligen, z.B. Florian, der mit einem M. um den Hals von einer Brücke gestürzt wurde.

Mund, Sinnbild der Schöpferkraft durch „Einhauchen" der Seele. – Christus, dargestellt als Weltenrichter, trägt oft ein ↗ Schwert im M. (= scheidet mit seinem Wort Gerechte von Ungerechten) oder eine ↗ Lilie (= Gnade). – *Negativ*:

Der Höllenrachen des teuflischen Untiers verschlingt und vernichtet. Kleine schwarze Dämonen, die aus dem M. kommen, bedeuten Lügen, schändliche Worte.

Muschel, sie spielt in vielen Religionen eine Rolle, da sie in der Form dem weiblichen Geschlechtsorgan gleicht. So steht die Göttin Aphrodite als „aus dem Meer aufsteigend" auf einer M. – Symbol für Maria, weil sie Jesus, „die köstliche Perle", in ihrem Schoß barg. – *Muschelschalen* sind Symbol des Hl. Grabes; sie werden von daher zum Abzeichen aller Pilger und sind Attribute der Apostel Jakobus d.Ä. und Matthias. Die M. ist dabei Allzweckgerät für die Pilger, weil sie als Wasserkelle, Teller, Löffel und Sägemesser benutzt werden konnte. Die Pilger auf der Wallfahrt nach Santiago de Compostela (= Grab Jakobus d.Ä.) tragen die ↗ *Pilgermuschel* oder Jakobsmuschel am Pilgerhut. – Eine M. über dem Tabernakel lässt eine moderne Deutung zu, weil eine Mineralölfirma die Pilgermuschel als Firmenschild benutzt: Wie die Autos Tankstellen aufsuchen, um Sprit zu tanken, so empfangen Christen auf ihrem Pilgerweg die hl. Seelenspeise als Stärkung. – Zwei Muschelhälften, die zusammenpassen = modernes Symbol für die Geborgenheit in einer Familie, in der die ↗ Perle (= das Kind) heranwachsen kann.*

Myrrhe, wohlriechendes, bitter schmeckendes Harz einer Art des Balsambaumes, mit dem die Juden ihre Toten einbalsamierten, weil sie glaubten, dass die Verstorbenen sonst keine Ruhe finden. – Die Magier aus dem Morgenland brachten Jesus ↗ Gold (= König), ↗ Weihrauch (= Gott) und Myrrhe (= Mensch, der sterben muss). Jesus wurde am Kreuz Myrrhewein als Betäubungsmittel angeboten, er trank ihn aber nicht (Mk 15,23); Nikodemus brachte zur Grablegung ein Gemisch aus Myrrhe und Aloe mit (Joh 19,39). Am Ostermorgen kamen auch die Frauen mit wohlriechenden Salben zum Grab (Lk 24,1).

Myrte wächst in wärmeren Gegenden bis drei Meter hoch und ist ab Juni mit einem zarten, weißen Blütenflor überzogen, der an Frieden und jugendliche Anmut (daher Liebessymbol) denken lässt. Wenn Soldaten aus einem unblutigen Krieg heimkehrten, trugen sie Myrtenzweige in Händen (sonst mit ↗ Lorbeer bekränzt). Ein Brautkranz aus Myrte häufig Symbol der Jungfräulichkeit, aber auch als Zeichen der Freude bei Täuflingen und als Myrtenkränzchen auf dem Revers von Kommunionkindern, Jubilaren und vom Bräutigam. – Eine Legende erzählt: Gott hatte Mitleid mit den aus dem Paradies vertriebenen ersten Menschen und schenkte ihnen zum Trost den kleinen Trieb eines Myrtenbäumchens mit den Worten: „Die weißen Blüten mögen euch an den großen Frieden mit mir erinnern; es bleibt euch nicht erspart, die bitteren Früchte Leid und Tod zu kosten; aber die immergrünen Blätter künden von besseren Tagen, weil ich, der Herr, überall für euch da bin."*

N

Nacht, Symbol des geheimnisvollen Dunkels, des Unbewussten, der Sünde und des Todes. Um Mitternacht schlug Jahwe jede Erstgeburt der Ägypter (Ex 12,29), aber auch: Um Mitternacht wurde Christus geboren und um Mitternacht erstand er von den Toten. Im Verborgenen also vollzieht sich der Übergang vom Tod zum Leben. Auch der himmlische Bräutigam kommt um Mitternacht (Mt 25,6). Bis zur Wiederkunft „lasst uns ablegen die Werke der Finsternis und anlegen die Waffen des Lichts" (Röm 13,12). Im neuen ↗ Jerusalem gibt es keine Nacht mehr (Offb 21,25). ↗ Tag.

Nachtfalter: Dieser Schmetterling wird unwiderstehlich vom Licht angezogen und verbrennt darin; daher Symbol der Seele, die sich vom göttlichen Licht angezogen fühlt und darin versinken will.

Nachtigall, wegen ihres süßen und zugleich klagenden Gesanges Symbol der Liebe. Im christl. Bereich Sinnbild der Sehnsucht nach dem Himmel, darum häufig auf spätmittelalterlichen Madonnenbildern.

Nacktheit: Sinnbild der Unschuld beim kleinen Kind, wie auch in der Darstellung von Adam und Eva vor dem Sündenfall: darum auch früher die sakrale Nacktheit bei der Erwachsenentaufe, bevor das weiße Kleid der Christuszugehörigkeit angezogen wurde. – N. ist auch Ausdruck tiefster Schande: So hing Jesus nackt am Kreuz; verschiedentlich wurden verurteilte Verbrecher entkleidet, um den Verlust ihrer gesellschaftlichen Stellung zu dokumentieren. – N. symbolisiert auch große Armut und Entbehrung oder prophetische Ekstase (1 Sam 19,23f). – Die hüllenlosen Gestalten auf Bildern des Jüngsten Gerichts zeigen wieder den Urzustand kindlicher Unschuld oder verkünden, dass vor Gott nichts mehr verborgen ist und jetzt nur noch die „nackte Wahrheit" gilt.

Nagel, gehört zu den ↗ Leidenswerkzeugen Jesu: Im hohen MA zählte man – bei *neben*einander gelegten Füßen auf dem Kreuz – vier Nägel; seit dem 13. Jh. – bei *über*einander gelegten Füßen – drei Nägel, die bei Darstellungen bevorzugt werden. Symbolisch werden sie mit Hunger, Krankheit, Folter, Krieg, Zweifel, Verzweiflung oder Unglaube gedeutet oder weisen darauf hin, dass sich Menschen wie angenagelt fühlen bei einer Sucht, einer Behinderung, auf dem Krankenbett …

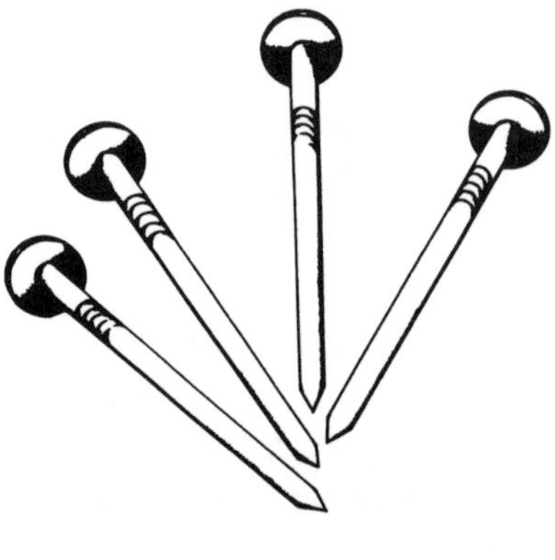

Narr: Es gibt moderne Darstellungen mit Christus als Narr mit Narrenkappe oder mit einer „Krone" (z.B. von Roland Peter Litzenburger) und als ↗ Clown, weil er die vorgegebenen Schemen sprengte und bis heute für viele eine ver-rückte Lehre verkündete. Im Narrengewand (= Spottmantel vor Pilatus und Herodes [Lk 23,11]) wird er verspottet. Er bereitet das „Fest der Narren" im himml. ↗ Jerusalem all denen vor, die zu „Toren um Christi willen" (1 Kor 4,10) wurden. Die gemeinsame Synode der BRD von 1975 schrieb dazu: Christus war kein Narr, aber ihm zum Verwechseln ähnlich.*

Nelke, verkleinerndes Wort für Nagel, weil die Form von Blatt und Frucht einem „Nagel" gleicht. Symbol für die Passion Christi und oft Form der Nägel in der Osterkerze. Nelken sind häufig auf Madonnenbildern zu finden. – (Später wurde vor allem die rote Nelke zur Symbolblume der Sozialisten, die sie z.B. am 1. Mai tragen.)

Nest, Symbol der Geborgenheit und Ruhe. – Vogel im Nest = Frieden, Paradies.

Netz, ein vielfältiges Symbol. *Positiv*: Das Netz, das bei waghalsigen Unternehmungen auffängt und rettet oder das „soziale Netz" einer Gemeinschaft für Menschen in Not. Ein Täufling wird von der Gemeinschaft der Gläubigen mitgetragen. ↗ Fischernetz. Ebenso das N., mit dem gesammelt oder weitläufig verknüpft wird (= Verkehrs-, Straßennetz). *Negativ*: Das N., das einfängt und zur Falle wird – oder symbolisch: ein N. über dem Kopf (= mit Ängsten und Zwängen leben).*

Nimbus, wörtlich „Wolke", kreisrunde Lichtscheibe oder Strahlenkranz um das Haupt Gottes und von Heiligen, wodurch die Erleuchtung durch das „Himmelsfeuer" angedeutet wird; später Zeichen der Auserwählung, wie der ↗ Heiligenschein.

Nothelfer, Gruppe von vierzehn hl. Männern und Frauen, die bei Anrufung bes. spürbar in verschiedenen Nöten helfen, wie Blasius, Georg, Veit, Christophorus, Barbara, Katharina ... ↗ Vierzehn.

Notizzettelklammer ↗ Wäscheklammer

Null, Symbol der Wertlosigkeit („Du bist eine Null!" in früherer Übersetzung – Mt 5,22) und Nichtigkeit, andererseits aber auch Symbol des Anfangs, weil hier die Zahlenreihe beginnt.

Nuss: Sie entspricht symbolisch weitgehend der ↗ Mandel als Sinnbild des Menschen: Die grüne Hülle bedeutet das Fleisch; die harte Schale entspricht den Knochen und der süße Kern deutet auf die Seele. Als Christussymbol verkörpert die bitter schmeckende Hülle die menschliche Natur Jesu, der die bittere Passion durchlitt, die Schale das Holz des Kreuzes und der Kern, der nährt oder durch sein Öl Licht ermöglicht, die göttliche Natur Christi. *Vergoldete Nüsse* am ↗ Christbaum deuten – wie das „Christkindl in der Nuss" – auf Jesus, der die härteste Nuss, die Gott uns Menschen zu knacken gibt, die harte Schale des Todes, in seiner Auferstehung aufgebrochen hat. Darum auch der Palmzweig als Zeichen des Sieges in der Hand der Märtyrer = er wächst aus der härtesten Nuss, der *Kokosnuss* (eigentlich eine Steinfrucht). – Modern erfährt die N. gerne folgende Deutung: Sich nicht von der „Schale" eines Menschen abhalten lassen, sondern seinen guten Kern entdecken. Oder: Brich die Schale (= Egoismus, Gleichgültigkeit, Oberflächlichkeit, Maskerade, Heuchelei) auf, und triff den Kern (= die Herzmitte, die gute Absicht). – Eine *taube Nuss* = ein Mensch, der innerlich hohl und leer ist.

Nussknackerfigur, modernes Symbol für einen Christ, der auch für andere Nüsse des Lebens knackt und in Staat und Gesellschaft hineinwirkt. Ihm bleiben zwar oft nur die Schalen, aber indem er anderen das Leben erleichtert, kehrt auch bei ihm die Freude ein. Darum schaut die N. in der Regel vergnügt drein, obwohl eine Nuss „nicht zwischen zwei Kissen geknackt werden kann", die Arbeit des Nussknackers also anstrengend ist: Einer, der Problemen nicht ausweicht, erfreut sich an der Erleichterung und Lust der anderen.*

O

Ochse, Symbol der Friedfertigkeit und der gutmütigen Stärke. Steht laut Jes 1,3 mit dem Esel an der Krippe. In Ostasien und in Griechenland wurde er als heiliges Tier verehrt und häufig geopfert. ↗ Stier.

Ohr, Symbol für das Miteinander-Kommunizieren, aber auch für die geistige Bereitschaft, sich dem Gehörten zu erschließen = zu gehorchen. Jesus legt dem Gehörlosen die Finger in die Ohren (Mk 7,33), um sein Herz für den Gehorsam Gott gegenüber zu öffnen – wie Papst Gregor d. Gr. das interpretierte. Der Taufspender berührt die Ohren des Taufbewerbers mit dem Wort „Effata" (= Öffne dich!), was so viel bedeutet wie: Möge sich dir der tiefe Sinn des Wortes Gottes erschließen. – Salvador Dali stellt in einem seiner Werke eine Krippe in ein großes Ohr und will damit ausdrücken, dass der Mensch dem neugeborenen Gottessohn Gehör schenken soll.

Öl, wegen seiner heilenden Salbkraft – bes. das Olivenöl – häufige und verbreitete Anwendung: Im Alltag zum Kochen; früher als Brennstoff für Lampen (Mt 25,1–13: Öl in den Krügen der klugen Jungfrauen); als Medizin (Lk 10,34: der barmherzige Samariter gießt Öl in die Wunden) sowie zur Stärkung und Kräftigung der Haut (Sportler rieben sich früher damit ein, um dem Zugriff des Gegners leichter zu entschlüpfen; heutzutage Sonnenöl als Schutz für die Haut). Bei dieser vielfältigen Verwendung wurde dem Öl auch heiligende Salbkraft zugeschrieben: Die Salbung mit Katechumenenöl bei der Taufe gilt als Hilfe im Kampf gegen das Böse; die Salbung beim Kranken mit Krankenöl (Jak 5,14) will Linderung der körperlichen und seelischen Leiden und damit Frieden und Freude bringen (in Todesnot auch stärken für den letzten Kampf). Das vornehmste der drei am Gründonnerstag in der jeweiligen Bischofskirche geweihten Öle ist das ↗ Chrisam (Öl mit wohlriechendem Balsam gemischt), mit dem früher Propheten und Könige und heute noch die Priester zum Zeichen des göttlichen Segens und der von Gott verliehenen Autorität gesalbt werden; außerdem wird es noch eingesetzt bei der Spendung von Taufe und Firmung, bei Altar-, Kirchen- und Glockenweihe. Das hebräische Wort „Messias", der Gesalbte, heißt in der griechischen Übersetzung „Christus", umschreibt also die priesterliche, prophetische und königliche Gewalt Christi, an der jeder Getaufte und Gefirmte Anteil erhält. Christen heißen deshalb auch „Gesalbte".*

Olivenbaum, vielfältiges Symbol. Weil er auf dürrem Boden wertvolle Frucht trägt, gilt er als Symbol geistiger Kraft; weil er mit seinem Öl Licht für Öllampen spendet, wird er zum Symbol geistiger Erkenntnis; weil er viele hundert Jahre alt werden kann und sehr widerstandsfähig ist, gilt er als Symbol der Fruchtbarkeit und der Lebenskraft; weil sein Öl bei Verwundungen schmerzlindernde und heilende Wirkung zeigt, wird er zum Symbol des Friedensbringers. Letzteres wird dadurch verstärkt, dass die von Noach ausgesandte Taube einen *Olivenzweig* zurückbrachte (Gen 8,11). – *Ölzweig* auf Grabsteinen bedeutet ewige Freude; Taube mit Ölzweig auf Darstellungen in Katakomben bedeutet Rettung der Seele aus Todesnot. – Olivenzweige anstelle von Palmzweigen (↗ Palme) nehmen die Gläubigen am Palmsonntag mit nach Hause und hängen sie zum Schutz und Segen hinter Kreuze oder christl. Bilder.*

Öllampe, nach antikem Vorbild mit Docht und Öl auch heute im Handel erhältlich; christl. Symbol, das an den wiederkommenden Christus erinnert, dem wir mit brennenden Lampen (wie die fünf klugen Jungfrauen [Mt 25,1–13 = Bereitschaft, Vertrauen und gute Werke]) und sehnsuchtsvollen Herzen entgegengehen sollen.*

Olympische Ringe, Symbol der Olympischen Spiele, die im Altertum zur Ehre der Götter stattfanden. Während ihrer Dauer durften keine Kriege geführt werden. Die fünf ineinandergreifenden Ringe können ein modernes Symbol für Gemeinschaftsbegegnungen sein, bei denen die fünf „F" vorherrschen: Freude, Fitness, Fairness, Freundschaft, Friede. Die Farben der Ringe symbolisieren die fünf Erdteile: blau = Australien, gelb = Asien, schwarz = Afrika, grün = Europa, rot = Amerika.

Ölzweig ↗ Olivenbaum

Omega ↗ Alpha

Omnibus, Transportmittel für viele; heißt aus dem Lateinischen übersetzt „für alle". Modernes Symbol für eine Gemeinschaft, wie z.B. eine Pfarrei, die für alle da ist, die an den „Haltestellen des Lebens" stehen und einsteigen möchten: ob alt oder jung, ob glücklich oder nicht, ob fortschrittlich oder traditionsgebunden. Der am Steuer muss die Strecke kennen …*

Opal, ein matter, glanzloser Halbedelstein, der nach Berührung mit Feuchtigkeit und Körperwärme farbig glitzert. Modernes Symbol für viele glanzlose Menschengesichter, die erst nach einem lieben Wort, nach einem ermunternden Blick oder einer herzlichen Begegnung aufstrahlen.

Orante-Haltung des Priesters oder Diakons beim Gebet: die Arme sind bittend ausgestreckt.

Orgel, Königin der Instrumente; aus Hunderten von Pfeifen zusammengesetzt; modernes Symbol für eine Gemeinschaft, in der jeder wichtig ist, seinen Platz hat und sich auch einbringen muß, um einen vollen Klang zu erreichen. ↗ Puzzle.

Ostersymbole: Ostern, das Fest der Feste, an dem Christen die Auferstehung Christi feiern, kennt zahlreiche Symbole: Die Urfarbe des *Ostereis* ist rot (= roter

Spottmantel und Wunden Jesu); ein unversehrtes ↗ Ei wurde mit dem fest verschlossenen Grab verglichen, aus dem Christus hervorging; auch die bunten Glaskugeln, die wieder häufiger in die Gärten gesteckt werden, gehen auf das Ei zurück. Zum Ei als Symbol für Fruchtbarkeit kam der *Hase* als europäisches Fruchtbarkeitssymbol hinzu; beide zusammengefügt ergeben den Ostereier legenden Osterhasen. – Den Kern des Festes treffen viel deutlicher das *Osterlamm* als Fortsetzung des Paschalammes, Zeichen der erlösenden Liebe und der Auferstehung, und die *Osterkerze* mit den fünf Wunden Christi. ↗ Kerze. Der *Oster-*

baum als symbolisierter Lebensbaum mit zwölf ausgeblasenen bunten Eiern (= zwölf Monate hindurch, also immer bringt er Früchte) erinnert an den ↗ Baum, von dem der Tod im Paradies kam und daran, dass der Tod am Baum des Lebens (↗ Kreuz) überwunden wurde. Darum auch auf Grabsteinen zu sehen: Das Holz des Kreuzes Christi schlägt wieder aus und bringt Blätter und Früchte hervor.* – *Osterbrot* wird gesegnet und mit Nachbarn und Bekannten geteilt. Der *Osterkorb* enthält nach altbayerischem Brauch sieben Lebensmittel, die etwas mit der österlichen Freude zu tun haben.* ↗ Auferstehungssymbole, ↗ Osterwasser. ↗ Schmetterling, ↗ Sonne, ↗ Regenbogen.

Ostervogel, im Hunsrück und in der Pfalz altes Symbol für die „beschwingte" Osterfreude: das Leben bekommt Flügel. (Ein ausgeblasenes Gänseei wird mit farbigen Papierflügeln, Kopf und Papierschwanz beklebt und an der Decke aufgehängt.) Der O. darf das ganze Jahr über hängen, weil jeden Sonntag das Paschafest gefeiert wird.

Osterwasser: In der Osternacht wird Wasser durch das Hineintauchen der Osterkerze geweiht und von den Gläubigen als ↗ Weihwasser mit nach Hause genommen oder von MinistrantInnen in die Häuser gebracht. Symbol für Fruchtbarkeit und neues Leben: In Oberschlesien und Masuren werden an Ostern zugeschnittene kleine Kreuze aus Weidenkätzchen in die Ecken der Felder gesteckt und mit O. begossen. – In Polen ist es beliebter Osterbrauch, mit O. Mädchen zu wecken oder Passanten damit zu überschütten. – In Piemont (heute Oberitalien) gehen Menschen am Ostermorgen zu einem Brunnen und waschen sich die Augen, um die Welt wieder mit wohlwollenden Augen zu sehen. – Oster- bzw. Weihwasser steht das ganze Jahr über in einem größeren Gefäß/Krug in der Kirche zum Abholen.*

P

Palme, kostbarer Baum, weil von ihm alles genutzt werden kann. Ihr elastischer Stamm trotzt auch starken Stürmen; die P. kann bis dreihundert Jahre alt werden. Ihre immergrünen (= Sinnbild für ewiges Leben) *Palmzweige* sind weit verbreitetes Symbol für Sieg, Freude und Frieden. Zum festen Sprachgebrauch wurden Redewendungen wie „die Palme des Martyriums", „Wer die Palme errungen hat, ist der Sieger". Die Märtyrer tragen sie als Ehrenzeichen für durchgestandene Leiden. Am *Palmsonntag,* dem Sonntag vor Ostern, wird der Einzug Jesu in Jerusalem mit Palmzweigen (Joh 12,13) nachempfunden, bei uns als Ersatz mit Zweigen vom Buchsbaum, von Tannen, Haselnussstauden oder Weidenkätzchen, oft an langen Stangen befestigt und reich mit Brotkränzen oder Leckereien verziert. Zu Hause werden davon Zweige als Siegeszeichen hinter das Kreuz gesteckt, manchmal auch in Wiesen und Felder. – Die Palmzweige des Vorjahres werden am Aschermittwoch verbrannt; mit der gewonnenen ↗ Asche wird das Aschenkreuz erteilt.

Palmesel ↗ Esel

Paradies: Nach christl. Überzeugung und weltweit verbreiteter Vorstellung der selige Ur- und Endzustand der Welt und der Menschen, die im Vertrauen auf Gott und in Liebe zu den Menschen zu leben versuchen. *Paradiesgarten* ↗ Garten.

Paradiesvogel, symbolischer Vogel, um den sich folgende Erzählung rankt: Wenn es gelingt, ihn im Gipfel eines Baumes einzufangen, in den er sich gesetzt hat, ist das ↗ Paradies nahe und damit das volle Glück.*

Paragleiter: Gleitsegel, das an seinen 70 bis 120 Leinenfäden den Piloten hält und dem Segel die aerodynamische Form gibt. Bei Höhen ab 50 m muss der Gleitpilot noch einen Fallschirm tragen, „the second chance" (= die zweite Chance), um bei einem Absturz nicht zu Tode zu kommen. Der P. ist ein modernes Symbol für all die „Fäden", die uns am Leben halten, wie Familie, Gottvertrauen, Gemeinschaft, Gesundheit, Partner- und Freundschaften. Der ↗ Fallschirm steht für die Liebe von Menschen, aber auch für die verzeihende Liebe Gottes, die uns immer wieder eine neue Chance schenken.* ↗ Windvogel, ↗ Drachenflieger.

Passionsblume: Der Volksmund gab ihr diesen Namen, weil vieles an ihr auf das Leiden (= Passion) Jesu hinweist: Oben auf dem Fruchtknoten die drei roten „Narben" (= drei Nägel der Kreuzigung), dann der gestielte Fruchtknoten in der Form eines Kelches (= der das „Blut Christi" in der hl. Messe aufbewahrt), darunter die fünf Staubbeutel (= fünf Wunden Christi), darunter der Boden der Blüte mit einem rotgesprengten Strahlenkranz (= ↗ Dornenkrone).*

Passionssymbole ↗ Leidenswerkzeuge

Pelikan: Seit dem MA setzte sich die Legende durch, der P. nähre seine Nachkommen mit dem eigenen Blut, bis er selbst sterbe. Deshalb wurde er zum Symbol für Mutter- und Vaterliebe, bes. aber für den Opfertod Christi.

Pentagramm, Drudenfuß: fünfzackiger Stern; uraltes magisches Zeichen, auch zur Abwehr dämonischer Mächte oder als Geheimzeichen; gelegentlich verwandt für die fünf heiligen Wunden Christi.

Perle, wächst in einer ↗ Muschel verborgen am Meeresboden oder im Schlamm, also in der Dunkelheit, heran und zeigt uns doch einen wunderschönen „Lichtfunken" des Himmels. (In den Kalkschichten, die die Muschel um einen eingedrungenen Fremdling legt, irisiert das Licht.) Symbol für das im Mutterleib entstehende Kind; auch Sinnbild für das sanfte Licht, das in der Finsternis scheinen kann. Christus selbst ist wie eine kostbare P., die uns Licht in die Dunkelheit brachte. Maria ist dabei die Muschel, die uns die Perle Jesus Christus gebar. Schließlich wird das Himmelreich mit der P. verglichen (Mt 13,45f); von zwölf Perlen sind die Stadttore des himml. ↗ Jerusalems (Offb 21,21). – Die P., das Himmlische, darf nicht den Schweinen vorgeworfen werden (Mt 7,6); deshalb wurden in den ersten Jahrhunderten Christen bei großen Vergehen von der ↗ Eucharistiefeier ausgeschlossen. – *Perlenkette,* Symbol für eine aus der Vielheit zusammengefügte Einheit. ↗ Kette, ↗ Gebetsschnur. – Perlen werden volkstümlich oft mit Tränen gleichgesetzt. – In neuerer Zeit steht die P. oft für das Kostbare, das aus Bedrohlichem nach viel Geduld (eine P. reift ca. zehn Jahre heran) entstehen kann: Ein spitzes Sandkorn, das durch die Muschellippen eindringt, kann die Muschel töten; aber die feine Perlmutterschicht, die sich um das Sandkorn legt, lässt eine P. heranreifen: Symbol dafür, dass Verletzungen und Leid zur Reife, Lebensweisheit und Kostbarkeit führen können. So wird die Perle zum Symbol der Umwandlung des Leides in Freude und Schönheit. *

Pfau, im frühen Christentum Symbol für das Sonnenrad. – Die Darstellung zweier sich gegenüberstehender Pfauen, die aus einem ↗ Kelch oder einem das „Lebenswasser" enthaltenen Gefäß trinken, ist Sinnbild für das Schöpfen aus der Quelle des Lebens. – Im MA wurde der P. mehr negativ gesehen als selbstgefällige Eitelkeit oder als Sinnbild für die Todsünde des Hochmutes (= Stolz, Gott und die Menschen nicht nötig zu haben).

Pfeife ↗ Trillerpfeife

Pfeil, Symbol für Schnelligkeit oder rasch eintretenden Tod. – Ein P., der das Herz durchbohrt, bedeutet äußerste Liebe; Attribut bei Augustinus und Teresa von Avila. *Pfeil und Bogen* ↗ Bogen.

Pferd, positive und negative Bedeutung. *Positiv:* Symbol des schnellen Lebenslaufes zum ewigen Ziel und des endgültigen Sieges; findet sich daher auf frühchristl. Grabsteinen. Vertritt gebietsweise an der Krippe den Erdteil Europa. Das strahlend weiße Pferd ist im letzten Buch der Bibel Sinnbild der Majestät Christi, der als der „Treue und Wahrhaftige“ einherreitet und dessen Gefolge auf weißen Pferden daherkommt (Offb 19, 11.14). Nicht ohne Grund werden daher viele Heilige Europas auf Pferden dargestellt, am häufigsten Georg, Hubertus, Martin, Theodor, Wendelin. *Negativ:* Reiter, die Krieg, Hunger und Tod bringen (Offb 6,2–8).

Pfingstrose, als Rose ohne Dornen (= ohne Sünde) ein beliebtes Mariensymbol auf mittelalterl. Tafelbildern. * ↗ Rose .

Pforte ↗ Tür

Phönix, sagenumwobener Vogel, in der Größe eines Adlers und der Gestalt eines Kranichs, der sich nach bestimmten Zeitabständen (alle 500, 1000 Jahre ...) freiwillig verbrennt, um dann verjüngt aus der Asche zu steigen. Gilt in Politik und im persönlichen Leben als „Wiederaufstieg aus Ruinen“, besonders aber ist er Symbol für Christus, der aus dem Tod auferstand. – Verbreitete Redewendung „sich wie ein Phönix aus der Asche erheben“, z.B. Deutschland nach dem Zweiten Weltkrieg oder bei bes. erfolgreichem Neuanfang nach einem Konkurs.

Pieta, Darstellung der Muttergottes, die ihren toten Sohn auf dem Schoß hält; in der Regel die dreizehnte Station des Kreuzweges.

Pilgermuschel, auch Jakobsmuschel genannt, Symbol am Hut oder auf der Brust bei Pilgern, die zum Grab des hl. Jakobus nach Santiago de Compostela in Spanien wallfahren. Solche Muscheln befinden sich häufig an Tabernakeln in Süddeutschland und Österreich mit der Aussage: Du brauchst Seelenspeise für deine Pilgerreise. Weihwasserbecken sind manchmal als P. gestaltet. Auch auf Wegkreuzen an Wallfahrtswegen nach Trier zum Grab des hl. Matthias, des einzigen Apostelgrabes nördlich der Alpen, zu finden. Die P. dient auch einer Mineralölgesellschaft als Symbol, an deren Tankstellen Millionen Rast machen. ↗ Muschel.

Pinie, Pinienzapfen, altes Symbol der Fruchtbarkeit, der Auferstehung und Unsterblichkeit; bildet öfters die Krönung von Brunnen, wurde vom Christentum unter dem Gesichtspunkt der Frucht des Lebensbaumes übernommen. ↗ Baum.

Poller ↗ Anlegepoller

Posaune, Signalinstrument zur Sammlung des Heeres, zur Verkündigung eines Großereignisses und einer Gefahr. *Engel mit Posaune,* häufig auf Endgerichtsbildern und Grabsteinen, ruft zur Auferweckung der Toten am Jüngsten Tag (1 Kor 15,52) oder zur Sammlung der Auserwählten des Gottesvolkes nach der großen Drangsal (Mt 24,31).

Printe, ein Weihnachtsgebäck, das im Gottesdienst gesegnet und zu Hause gegessen wurde; mit aufgeprägten Abbildungen (lat. imprimere = aufprägen), die das Festgeheimnis betrafen.*

Printenmann ➚ Weckmann

Prisma: Fällt ein Lichtstrahl hindurch, wird er in die sieben Farben des ➚ Regenbogens zerlegt. Das deuteten die Kirchenväter auf Christus: Gott, Urgrund allen Lichtes, ließ Christus als Lichtstrahl in die Welt fallen. Im Prisma des Kreuzes erstrahlt die Siebenfarbigkeit der Sakramente, in denen wir Hilfe finden auf dem Weg zu unserem Ziel. In der Nachfolge Christi werden wir als Licht für die Welt auch durch Leid und Not gebrochen und durchlässig für Barmherzigkeit, Güte und Versöhnung.*

Profil ➚ Reifen mit Profil, ➚ Auto, ➚ Bergschuhe

Purpur, Farbe des Reichtums und der herrschenden Würde. Als Spott bei Joh 19,2, als die Soldaten Jesus einen purpurroten Mantel (= „König“) umlegten.

Pusteblume, tröstliches Symbol für das Alter. ➚ Löwenzahn. Modernes Symbol für das Wirken des Hl. Geistes an Pfingsten: Jesus hauchte die Jünger an (Joh 20,22) und dieser ➚ „Wind“ trug den Samen der Frohbotschaft an den „Fallschirmen“ der Jünger durch die ganze damals bekannte Welt.*

Pustefix ➚ Seifenblasen

Puzzle, modernes Symbol für eine Gemeinschaft, die aus vielen „Einzelteilen“ besteht und bei der jeder seinen Platz einnehmen muss, damit das Ganze gelingen kann.* Ähnlich ➚ Orgel.

Q

Quelle, Ursprung Leben spendenden Wassers: Sinnbild für Reinheit (quellfrisch = rein; reinigende Kraft der ↗ Taufe, die zum Weiterleben nach dem Tod befähigt), ewiges Leben und Wiedergeburt. Das Quellenwunder des Mose (Ex 17,6) ist Vorbild für die sakramentale Heilsquelle, die in Christus sprudelt. Der Prophet Ezechiel (47,1–12) prophezeit die im Tempel (= Kirche) aufspringende Lebensquelle, die in östliche Richtung (= Christus entgegen) fließt. Gott ist die Quelle alles Guten und das ↗ Lamm wird die Menschen zu den Quellen lebendigen Wassers führen (Offb 7,17). – In allen Weltreligionen hat das Wasser heilende und reinigende Kraft, ob die Muslime sich vor der Moschee der vorgeschriebenen Reinigung unterziehen oder die Hindus zum Ganges wallfahren, um ihre Sünden abzuwaschen. – *Quellwasser* auch Symbol für das Leben des Menschen, das der Erde entspringt, immer mehr an Kraft gewinnt, mancherlei Hindernisse überwindet, schließlich Lasten tragen kann und einmal im großen Meer aufgeht. – Goethe: „Des Menschen Seele gleicht dem Wasser: Vom Himmel kommt es, zum Himmel steigt es und wieder nieder zur Erde muss es, ewig wechselnd." ↗ Brunnen.

R

Rabe, meist mit negativen Deutungen belegt: Bote des Unheils und des Todes (weil er sich auch von Aas ernährt), der „Unglücksrabe“, der Galgenvogel oder „Rabenvater und Rabenmutter“, die ihre Jungen grausam vernachlässigen. In der Bibel eher positiv als schlau und findig, weil er bei der Sintfluterzählung nicht mehr zur Arche zurückkehrt (Gen 8,6f) oder dem Propheten Elija Brot und Fleisch bringt (1 Kön 17,6).

Rad: Es verbindet den Symbolgehalt des Kreises und der Sonne mit dem Aspekt der Bewegung; von daher ein Bild des bewegten, wechselvollen Laufs der Zeiten und des Menschenlebens – der Mensch ist wie ans R. gebunden: Es dreht sich, bringt die Höhe des Glücks oder die Tiefe des Unglücks und keiner weiß, warum und wann – als wenn eine blinde Glücksgöttin das *Glücksrad* drehte. Das R. wurde auch zum Symbol Gottes und der Ewigkeit. Wenn Daniel (7,9) in seiner Vision von flammenden, vieläugigen Rädern um das Haupt Gottes berichtet, möchte er damit dessen Allmacht umschreiben. Die mittlere Fensterrose in mittelalterlichen Kathedralfassaden wurde „rota“ = Rad genannt. In ihrer Mitte ist der wiederkommende Christus dargestellt. Das hereinfallende Licht wird gedeutet als das ewige Licht in Christus, das die Dunkelheit der Zeit durchbricht.

Modernes Symbol für vielfältige Aussagen: *Für das Hauptgebot:* Die Gottesliebe (= Nabe) hält alles und wirkt in der Nächstenliebe (= Felge) nach außen. *Für Kirche:* Christus (= Nabe) die Mitte, hält die Mitglieder (= die Speichen), die in der Kirche (= Felge) nach außen gehalten sind.* *Für die Sakramente:* Sie (= Speichen) gehen von Christus (= Nabe) aus und wirken sich in der Gemeinschaft der Christen (= Felge) aus. *Für das Miteinander der Menschen:* Der Mensch braucht eine Mitte (= Nabe), die alle (= Speichen) hält. Je mehr wir uns der Mitte nähern, umso näher kommen wir uns auch gegenseitig. Wenn jede Speiche hält und auch von einer Gemeinschaft (= Felge) gehalten wird, ist das R. belastbar; die Mitte macht aus uns ein Wir. Weil sich das R. dreht, bleiben die Lasten zudem für jeden erträglich. *Für das Pfingstereignis:* Die Botschaft Jesu in die Welt rollen.* – Ein *zerbrochenes Rad* ist Attribut der hl. Katharina von Alexandrien: Sie sollte gerädert werden, aber das R. zersprang vorher.

Radargerät, kann in Nebel und Dunkelheit vor Zusammenstößen bewahren. Modernes Symbol für das Gewissen, das mir, wenn es richtig funktioniert, anzeigt, wie ich mit anderen in Frieden zusammenleben kann.

Radio, modernes Symbol, um aufzuzeigen: Zuerst muss der richtige Sender gefunden und genau, ohne Nebengeräusche, eingestellt werden – wie unser Gewissen sich auf Gott und sein Wort einstellen sollte. Das R. fängt unsichtbare Musikwellen auf – so wie wir mit dem unsichtbaren Gott in Kontakt treten können, wenn wir auf Empfang gehen.

Raupe ↗ Schmetterling

Rebstock ↗ Weinstock

Regenbogen: Die farbige, bogenförmige Lichterscheinung, die die Erde mit dem Himmel zu verbinden scheint, ist eines der imposantesten Symbole. Der R. entsteht im Zusammenspiel von Wasser und Sonnenlicht und steht seit Gen 9,13 als Zeichen des Bundes Gottes mit den Menschen. Auf vielen Weltgerichtsdarstellungen sieht man seit dem MA Christus auf einem (oder zwei) Regenbogen sitzen; damit soll dokumentiert werden, dass in ihm der Neue Bund zwischen Gott und den Menschen für ewig gilt (siehe auch Offb 4,3). – Im Christentum werden oft nur drei Grundfarben im R. unterschieden, daher auch Symbol für die Dreifaltigkeit. – Auch für Maria steht der R. als Symbol, weil sie zur Vermittlerin der Versöhnung wurde. – Der R. in seinen sieben Farben (von außen nach innen: rot, orange, gelb, grün, blau, indigo [= dunkleres Blau], lila) gilt als modernes Symbol für die Versöhnung* und wird in vielfältige Zusammenhänge gesetzt, z.B. zur Buntheit der Natur.* ↗ Brücke.

Regenschirm ↗ Schirm

Reifen mit Profil: Modernes Symbol für vorbildliche Menschen mit Rückgrat – meist heiligmäßige Menschen oder Heilige, die gut in den „Kurven" des Lebens lagen. – Firmung und Pfingsten (als Vertiefung und Weiterführung der Taufe) bedeuten eine Rundumerneuerung des Reifens, an dem das Profil abgefahren ist.

Reis / Zweig: Ein kleines Reis lässt den zukünftigen Baum schon vorausahnen – ebenso ist es alter Volksglaube, dass ein grüner Zweig Glück und Gesundheit bringt. Das hat auch Eingang in die Bibel gefunden: Der Zweig vom Ölbaum, den die Taube zu Noach brachte (Gen 8,11), wurde zum Symbol neu erwachenden Lebens nach der Sintflut; im MA Symbol für die Rettung einer Seele aus Todesnot. – Wie ein R. aus der *Wurzel Jesse* (Jes 11,1.11) wird Isai manchmal dargestellt, nämlich als schlafender Ahnherr Jesu, aus dessen Körper ein grünender Baum hervorwächst; in der Krone des Baumes sind Gestalten der Vorfahren Jesu zu erkennen – wie im Weihnachtslied besungen: Es ist ein Ros (richtiger: Reis) entsprungen aus einer Wurzel zart (GL 132). – Modernes Symbol für Hoffnung.

Reißverschluss, modernes Symbol für das Bemühen, zwei auseinander fallende Seiten durch den „Läufer" in der Mitte zusammenzufügen: „Erde und Himmel"; d.h. Mühe und Glück oder Armut und Reichtum durch mehr Frieden und Gerechtigkeit. Auch in unsere Hände sind der „neue Himmel" und die „neue Erde" (Offb 21,1ff) gelegt.*

Reliquie: Was eine berühmte oder heiligmäßige Person nach ihrem Tod zurücklässt, wird häufig als „Reliquie" verehrt, ob Gegenstände, Kleidungsstücke, Bilder, ja Teile ihres Körpers. Sie werden in wertvollen Behältern aufbewahrt (= Reliquiare, Schreine, ↗ Monstranz) und waren oft Anlass, Kirchen und Dome zu bauen (wie z.B. der Kölner Dom für die Gebeine der hl. Drei Könige, der sogar in seinem Bau als Reliquiar konzipiert ist). Reliquienverehrung sollte Lob und Dank an Gott sein, der uns diesen Menschen geschenkt hat, aber nicht den Hang zum Magischen, zum Aberglauben und Talisman stärken und – wie im MA – zu einem regelrechten Reliquienhandel verführen. In jedem feststehenden Altar in kath. Kirchen ist die R. eines Märtyrers eingelassen, die der Priester im Altarkuss verehrt.

Rettungsring ↗ Ring

Ring, Symbol für Treue und ewige Verbindung miteinander, weil ohne Anfang und Ende: Freundschaftsring, Verlobungsring, besonders der Ehering; zwei Ringe, ineinander verschränkt, sind Sinnbild der Treue. Das Geheimnis des Ringes greift in das Geheimnis des Dreifaltigen Gottes hinein, das durch drei ineinander greifende Ringe versinnbildlicht wird. – Der Ring bei Ordensfrauen meint die „Vermählung der gottgeweihten Seele" mit Christus. – Ein *Siegelring,* Zeichen für Unantastbarkeit, erhält seine Bedeutung von der Prägung, die er eindrückt, z.B. beim ägyptischen Josef die Verfügungsgewalt. Der Ring, den der Vater seinem wieder gefundenen Sohn an den Finger steckt (Lk 15,22), bedeutet nicht nur ein Zeichen der liebevollen Wiederaufnahme des Sohnes, sondern die Verleihung der „vollen Procura", des Rechtes, mit diesem Ring wieder Vertragsabschlüsse zu besiegeln. – Der Träger des ↗ *Bischofsringes* wird zum „Bräutigam der Kirche" – wie auch der Papst als Träger des *Fischerringes,* der ein Bild des hl. Petrus in seinem Bemühen zeigt, das Netz ins Boot zu ziehen (Lk 5,4–10), und der nach seinem Tod zerbrochen wird. – Der *SOS-Rettungsring* kann als modernes Symbol verstanden werden für die Gnadenkraft oder für Glauben, Vertrauen und Liebe, die den Menschen „über Wasser halten".*

Rochett, Chorrock, weißes Gewand, das der kath. Priester über dem ↗ Talar trägt: Es erinnert an das Taufkleid und damit an die Zugehörigkeit zu Christus.

Röhre, kommunizierende, Begriff aus der Physik: Alle Röhren, die miteinander verbunden sind, „kommunizieren" gleichmäßig, was in eine von ihnen hineingeschüttet wird. Modernes Symbol für die Verbundenheit der Menschen untereinander: Die Stimmung in einer Familie, Klassen- oder Dorfgemeinschaft ist von dem abhängig, was jeder Einzelne (= einzelne Röhre) hineingibt. Positives

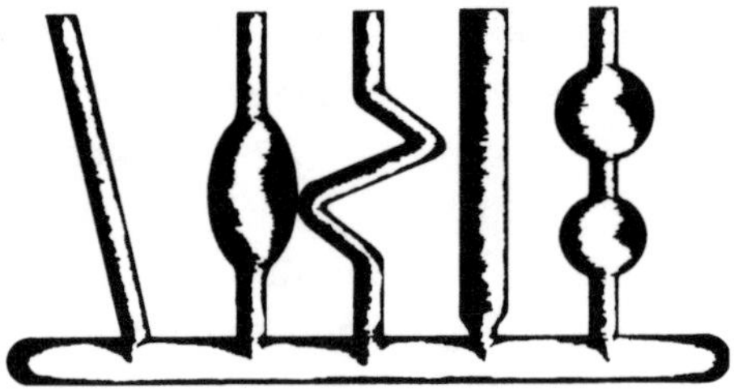

wie Negatives hat seinen Einfluss. Ebenso Symbol für die Verbundenheit der Menschheit: Entwicklungshilfe in einem Land der so genannten Dritten Welt ist Friedensdienst an der ganzen Welt. Über die geistliche „Luftbrücke“ Christus kann ich für jeden Menschen auf der Welt beten; über ihn stehe ich auch in der Gemeinschaft der Heiligen.*

Rose: Wegen ihrer Schönheit und ihres Duftes heute fast ausschließlich ein Symbol der Liebe, der Verehrung und der Huldigung – bis hin zum Grab. Auch ihre Dornen, die den Schmerz in mancher Liebe versinnbildlichen, haben sie zur häufigsten Symbolpflanze gemacht – ähnlich bedeutsam wie die ↗ Lotosblume in Asien. Das Symbol der Liebe wird mit am treffendsten bei A. de Saint-Exupéry in „Der kleine Prinz“ umschrieben: „Du bist zeitlebens für das verantwortlich, was du dir vertraut gemacht hast: Du bist für deine Rose verantwortlich.“ Ihre ↗ fünf Kelchblätter, die auch strengste Winter überstehen, gelten als Symbol der Treue. – Unübersehbar die Häufigkeit der Rose: Die *rote R.* weist auf das vergossene Blut und die Wunden Christi als Symbol göttlicher Liebe hin; daher *auch* Symbol der Liebe. – *Rose am Beichtstuhl* und in Weinstuben: Symbol der Verschwiegenheit. – *Fensterrosen* der mittelalterlichen Kirchen stehen im engen Zusammenhang mit ↗ Kreis und ↗ Rad, deshalb auch mit der ↗ Sonne (GL 644: Sonne der Gerechtigkeit ist Christus). – *Rosen im* ↗ *Labyrinth,* wie auf Bildern von Sieger Köder: Am Ende unserer Lebenswanderung steht die Erlösung. * – *Mariensymbol*: „Du geheimnisvolle Rose“ heißt es in der Lauretanischen Litanei (GL 769); Maria wird auch „Rose ohne Dornen“ genannt ↗ Pfingstrose. – „Von Rose zu Rose beten“ deutet auf den ↗ Rosenkranz. – *Rosensonntag* ist der vierte Fastensonntag (lat. Bezeichnung „Laetare“), der die Hälfte der Fastenzeit markiert und an dem der Liturge (wie auch am 3. Sonntag im Advent) ein rosa Gewand anziehen kann und der Papst die *Goldene Rose* (= Tugendrose) zeigt: Die Dornen weisen auf das Leiden Christi, das Gold auf sein Königtum und ihr Duft auf seine Auferstehung. Seit dem 11. Jh. verschenkt er sie danach an verdiente Frauen und Männer. – Weil sich das Karnevalskomitee in Köln am Tag nach dem Rosensonntag traf, um Rückschau auf den Karneval zu halten, wurde (seit 1824) dieser Tag *Rosenmontag* genannt. (Andere Erklärung: roasen [= kölnisch] heißt rasen, tollen = Rosenmontag.) – Die *Rosen* im Korb der hl. Elisabeth sind Ausdruck ihrer Mildtätigkeit und Güte. * – Die hl. Theresia vom Kinde Jesu sagte einmal: „Ich

werde Rosen vom Himmel regnen lassen", womit sie ihr fürsprechendes Gebet bei Gott umschrieb. – Eine *Rose, die* am KZ Auschwitz-Birkenau *aus Stacheldraht „wächst"*, ist Symbol für Vergebung, nicht für Vergessen.

Rosenhag ↗ Garten

Rosenkranz, seit etwa 1000 n.Chr. ↗ Gebetsschnur der Christen mit 50 oder 150 Perlen (= nach der Anzahl der Psalmen), aufgeteilt in größere Perlen für „Ehre sei …" und „Vaterunser" und jeweils zehn kleinere für zehn „Gegrüßet seist du, Maria". Die Beter treten auf der Grundmelodie des „Ave Maria" gleichsam von Perle zu Perle in die Fußspuren der Lebensereignisse Jesu und versichern sich dabei der begleitenden Fürbitte Mariens. Der Name stammt von dem Gedanken her, der Mutter Jesu dabei gleichsam einen Kranz aus Rosen zu winden (weiße Rosen = freudenreicher, rote Rosen = schmerzhafter, „goldene" = glorreicher Rosenkranz). – *Rosenkranzaltäre*: Gestalt der Gottesmutter, umrahmt von Bildern, die die Freuden und Schmerzen Mariens darstellen.*

Rose von Jericho ↗ Auferstehungsblume

Ross ↗ Pferd

Rot, Farbe des Lebens, des Feuers, des Blutes (= der Blutzeugen und Scharfrichter), der Liebe (= Farbe des Lieblingsjüngers Johannes), der Liebesgewalt (= Pfingsten, Bannerfarbe der Revolutionäre), der Macht (= Generäle, Kaiser, Kardinäle [bei letzteren ausdrücklich auch als Hinweis auf die Leidensbereitschaft nach dem Vorbild der Märtyrer]), des Weiblichen (↗ blau dagegen mehr für himmlisch, gehoben, Glaube, Treue, Männliches). Modern auch Farbe der Warnung. *Negativ*: Farbe des Krieges, des Fürsten der Hölle (= verzehrende Gewalt des Höllenfeuers oder ungezähmter Leidenschaften) und der Huren im MA, wie die der „Hure Babylon". ↗ Babel.

Ruder: Wer im üblichen Boot nur eines benutzt, dreht sich im Kreise. Modernes Symbol für das Hauptgebot, das die Gottesliebe und Nächstenliebe zum betonten Inhalt hat: Wer vorwärts kommen will, muss beide R. betätigen, beten *und* arbeiten, arbeiten *und* beten. Grundsatz des Benediktinerordens: Bete und arbeite! Vertraue auf Gott und diene dem Menschen!: So wird der Hafen Gottes angesteuert.

Rute = ↗ Geißel = ↗ Stab, wundertätiges Attribut bei Mose, blütentreibender Stab des Aaron und bei Christophorus. Die R. ist an sich Bild für Gottes Zorn. Die Geißel wurde im MA zum Symbol der Nachfolge Christi, indem sich viele regelmäßig damit schlugen, um die Lust zur Sünde abzutöten. Die R. bei Nikolaus wird nur angedeutet eingesetzt, um dann die Kinder mit allerlei Gaben zu beschenken. – *Rutenbündel* erinnert an die Geißelung Christi. Modernes Symbol für eine Gemeinschaft, die stark macht – eine einzelne Rute ist leicht zu brechen, das Rutenbündel dagegen unmöglich.

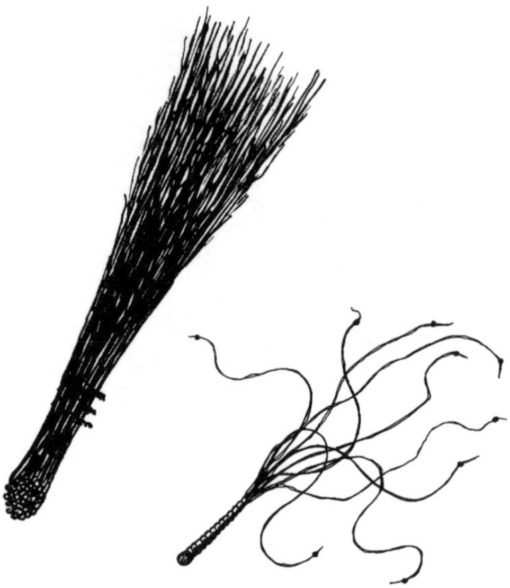

S

Säge, Attribut des hl. Josef in seiner Eigenschaft als Zimmermann.

Sakramentenhäuschen ↗ Tabernakel

Salbung ↗ Öl

Salz zeigt vielfältige Wirkung: Es bringt Eis zum Schmelzen; schützt vor Fäulnis (z.B. Einsatz im Fischhandel); gibt den richtigen Geschmack (was wären Pommes Frites ohne Salz!?); S. trägt (im Roten Meer mit 23 % Salzgehalt geht ein Mensch auch ohne Bewegungen nicht unter); S. erhält Leben (in heißen Ländern sterben Menschen aus Mangel an Salz). Das alles kann Jesus gemeint haben, als er den Jüngern sagte: „Ihr seid das Salz der Erde!“ (Mt 5,13), aber mehr noch: Seid glaubwürdig (nicht „schal“ werden), setzt das Wort der Wahrheit gegen Schlechtigkeit und Irrtum! (Japaner streuen noch heutzutage ihre Wohnung mit Salz aus, wenn eine unangenehme Person sie verlassen hat.) Eine „gesalzene Rede“ beinhaltet Würze, Witzigkeit, ja Bissigkeit. Da S. sich im Wasser auflöst, wirkt es, ohne gesehen zu werden. – Nach römischem Taufritus wurde bis zum letzten Konzil Säuglingen etwas Salz auf die Lippen gestreut = das Salz der Weisheit, aber auch als Schutz vor drohenden Gefahren. – *Salz und Brot* werden bei Hochzeiten, Vertragsabschlüssen oder beim Einzug ins Haus überreicht: Symbol der einfachen, aber notwendigen „Nahrung“, wie Freundschaft und Gastfreundschaft. Noch heute gilt bei Arabern ein Schwur beim Salz als heilig. – Das sich im Ozean auflösende Salzkorn ist Symbol für das Aufgehen der Individualität im Absoluten.

Sand, Symbol der Unendlichkeit wegen der unermesslichen Vielzahl an Körnern. Verheißung an Abraham: „Ich will deine Nachkommen zahlreich machen wie den Sand am Meeresstrand“ (Gen 22,17). – Manchmal auch Bild für unsicheren Lebensgrund: „Auf Sand bauen“ (Mt 7,26).

Sanduhr, als Symbol der verrinnenden und begrenzten Zeit und damit auch des Todes oft auf mittelalterlichen Grabsteinen. – Weil nach dem Ablaufen des Sandes die S. wieder umgedreht werden muss, gelegentlich auch Symbol für Ende und Neuanfang. – Unter den vier Kardinaltugenden Symbol für Mäßigkeit. – Attribut des hl. Hieronymus. – Modernes Symbol für „die Zeit ausschöpfen“:

Jetzt bewusst leben und nicht der Vergangenheit nachtrauern oder sich schon das Morgen herbeiwünschen – wie es der Straßenkehrer Beppo in der Geschichte „Momo“ demonstriert: Nur an den nächsten Besenstrich denken, dann ist auch irgendwann die ganze Straße fertig.

Satan ↗ Teufel

Sauerteig, im AT Symbol der Zersetzung, der geistigen Verderbnis und der Unreinheit. So mussten Opferbrote ungesäuert sein. Bei der überstürzten Flucht aus Ägypten wurde nur frischer, ungesäuerter Brotteig mitgenommen. Beim Paschafest (= Fest der Ungesäuerten Brote) als Nachvollzug dieses Aufbruchs darf bis heute nur ungesäuertes Brot gegessen werden. Heute noch wird vor diesem Fest das jüd. Haus akribisch auf „Gesäuertes“ (= altes Brot) abgesucht. – Jesus warnt vor dem Sauerteig der Pharisäer und Sadduzäer (Mt 16,6), vor ihrer schlechten Lehre. Paulus vergleicht die christl. Aufrichtigkeit mit ungesäuertem Brot (1 Kor 5,8). – Jesus wendet das Bild zum Positiven: Wie eine Hand voll Sauerteig die ganze Masse Mehl durchdringt, so wird das Reich Gottes alle Welt durchsetzen (Mt 13,33).

Säule, Sinnbild der Verbindung zwischen Himmel und Erde. – Jesus an einer Säule bei der Geißelung gefesselt soll an einen Opferstein erinnern, der als Bindeglied gilt zwischen Himmel und Erde. – Die Kirche soll Säule und Fundament der Wahrheit sein: 1 Tim 3,15. – Die zwölf „Säulen“ einer jeden Kirche: symbolisch die zwölf Apostel, die die Kirche tragen; im unteren Bereich sind diese S. jeweils mit einem Kreuz und der Apostelkerze geschmückt – in modernen, säulenlosen Kirchenbauten werden zwölf Stellen dafür ausgewählt. – *Säulenheilige,* wie Simeon, der Stylit, verbrachten ihr Leben auf einer Säule = Symbol der Askese, aber auch, um dem Himmel näher zu sein. – *Feuer- und Wolkensäule,* Symbol für den allmächtigen Gott, der sein Volk durch die Wüste führte.

Schädel, Symbol der Vergänglichkeit, oft auf Darstellungen als Meditationsobjekt in der Hand hl. Personen, wie z.B. bei Hieronymus. Ein S. unter dem Kreuz Christi weist auf die Schädelstätte Golgota als Hinrichtungsort hin, meint aber näherhin den Schädel (= das Grab) Adams, um auf das erlösende Werk des zweiten Adam (= Christus) hinzuweisen.

Schaf ↗ Lamm

Schale, Symbol der überströmenden Fülle mit dem Trank der Unsterblichkeit. In der Bibel verschieden benutzt: Von der Schale des Heils (Ps 116,13) bis zur Schale des Zornes Gottes (Offb 15,7; 16,1). – Gemeinsames Trinken aus einer Schale ist Zeichen der Zusammengehörigkeit. – S. oft identisch mit ↗ Kelch.

Schallplatte, anschauliches Symbol für das Hauptgebot der Liebe: Die A-Seite = die Nächstenliebe, die B-Seite = die

Selbstliebe. Der Stift in der Mitte, der die A- und B-Seite hält, bedeutet die Gottesliebe (Religion bedeutet: sich halten lassen von etwas ganz anderem). Wer sich gehalten fühlt, dem bereitet es Freude, die beiden Seiten seiner „Lebensplatte" zu Gehör zu bringen.*

Schaukel, modernes Symbol für die Kirche: Sie ist an den Seilen der Liebe des Vaters, die sich in Christus offenbarte, befestigt; den nötigen Schwung gab ihr an Pfingsten der Hl. Geist. Jetzt schwingt sie in alle Welt, um ein Gefühl von Freiheit zu vermitteln und der höheren Sicht der Dinge. Und Schaukeln macht Freude! – *Schiffschaukel*, Symbol für das Auf und Ab im Leben. Oben bleiben macht schwindelig und unzufrieden, und wer ganz unten ist, darf darauf hoffen, dass es wieder einmal hoch geht. Heutzutage oft als kleines Boot gebaut, in dem viele nebeneinander stehen: Gemeinsam macht es mehr Spaß, sich „höher" zu arbeiten.*

Scherbe, modernes Symbol für das Bruchstück, das vom Erstrebten übrig bleibt: vom Eheglück, der erträumten großen Laufbahn, vom Glauben. In Jer 19,1–11 wird das „Töpfergeschirr" (= Volk) in Scherben geschlagen, d.h. Gott verwirft es. In Jesus begegnen wir dem, der die gebrochenen Herzen heilt (Ps 147,3). Als er starb, blieb für die Jüngerinnen und Jünger nur ein Trümmerhaufen übrig, aus dem an Pfingsten das kostbare, aber zerbrechliche Gefäß der Kirche entstand.* – *Scherbenkreuz*: In ein Kreuz aus weichem Ton werden

Scherben gedrückt, die Zerbrochenes versinnbildlichen.* – *Scherben bringen Glück*: Aus Schutt und Scherben ausgebombter Städte entstanden „Trümmerberge", auf denen später Freizeitparks angelegt wurden, Paradiese für Erholungssuchende. Scherben am Polterabend bedeuten: den „alten Menschen" hinter sich lassen und mit neuem Porzellan beginnen.

Schier, modernes Symbol für das Hauptgebot der Liebe: Wenn die beiden Bretter (= Liebe zu Gott und zu den Menschen) nebeneinander liegen, kann ich sicher durch die Kurven des Lebens laufen; dabei kann ich in der Loipe bleiben, die Christus uns gelegt hat.*

Schiff, Symbol für Lebensfahrt, Reise, Kirche (in Anlehnung an die ↗ Arche Noach), das durch die Wogen der Welt dem sicheren Hafen Gottes zusteuert; dabei ist Christus der Steuermann oder Kapitän, der Mastbaum ein Kreuz, dessen Segel in den ↗ Wind des Hl. Geistes gehalten werden. Dieses „Schiff Petri" wird auch auf den Kirchenbau gedeutet (= Kirchenschiff, Mittel-, Seiten-, Querschiff); manchmal sind auch Altäre und Kirchen in Schiffsform gebaut. Lied: Ein Schiff, das sich Gemeinde nennt ... Auch als *Lebensschiff* eines jeden Christen mit einem Mastbaum als Kreuz und mit Segel dargestellt.* ↗ Anker, ↗ Kompass, ↗ Leuchtturm, ↗ Rettungsring, ↗ Boje. Ein untergehendes Schiff bedeutet Tod. – Auf dem *Narrenschiff*, dem Gegenstück zum Schiff der Kirche, sollen ursprünglich Narren zur Fastnachtszeit das Reich des Teufels (= Gesetzlosigkeit) errichtet haben. Schiffschaukel ↗ Schaukel.

Schild ↗ Verkehrsschilder

Schildkröte, modernes Symbol für Kirche: Die S. wird sehr alt (Kirche blickt schon auf 2 000 Jahre zurück), hält große Belastungen (= Streit, Verfolgungen) aus, kommt nur langsam voran, zieht sich oft ins Gehäuse zurück (= neben Aktion auch Kontemplation) und verschläft im Winterschlaf viel Zeit (= weil die Kirche viele Entwicklungen verschlafen hat, wurde von anderen Notwendiges in Angriff genommen: Rotes Kreuz, Amnesty international, „Grüne" in Sachen Umweltschutz usw.).*

Schilfrohr, Symbol für Wankelmut und Schwäche, weil es bei geringster Luftbewegung schwankt. Auf Ecce-homo- (= Schmerzensmann-) Darstellungen als „Zepter", mit dem er verspottet wurde (Mt 27,29.30), in der Hand Jesu. – Aber auch positiv: Das geknickte Rohr wird Gott nicht zerbrechen (Jes 42,3); wegen seiner Biegsamkeit bei starken Stürmen Symbol der Flexibilität, sich klugerweise so lange unter mächtigen Gewalten zu beugen, bis sie vorüber sind.

Schirm, Symbol des Schutzes und der Geborgenheit, weil er vor Regen und zu starker Sonne schützt. Auch auf Gottes Schutz übertragen, z.B. Ps 31,21: Du beschirmst die Menschen. – *Regenschirm*, modernes Symbol für Gemeinde/Gemeinschaft: Viele Stangen (= viele Einzelne) und Tuchfläche (= etwas Verbindendes) sind erforderlich und ein „Schirm-Herr" muss ihn aufhalten, damit Schutz und Unterschlupf geboten werden.*

Schlange, ein ungeheuer reiches Symbol mit unterschiedlichen, meist negativen Bedeutungen (oft dem ↗ Drachen gleich) – bedingt durch ihre Sonderstellung im Tierreich: Sie hat keine Beine und bewegt sich trotzdem blitzschnell (= zweideutig, Täuschung, Lüge), sie schlüpft meist aus dem Ei wie ein Vogel (= darum auch geflügelt dargestellt bis hin zum Drachen); ihr giftiger Biss (wobei sich ihr Gift in der richtigen Dosierung auch als Heilmittel verwenden lässt), ihre gespaltene Zunge (= Doppelzüngigkeit), ihre Häutung im Frühling (= Symbol für das sich selbst erneuernde Leben), ihr starrer Blick aufs Opfer sowie ihr schillerndes Äußeres, das alles ließ sie zur Verführerin des ersten Menschenpaares im Paradies werden. Seit dem MA erhält die S. deshalb oft einen weiblichen Kopf und Oberkörper. – In der *Ehernen Schlange* des Mose wird sie ähnlich der S. am ↗ Äskulapstab positiv gesehen: Wer sie, vom tödlichen

Biss einer Schlange getroffen, anblickt, bleibt am Leben (vgl. Num 21,7f) = Vorausbild für Christus (Joh 3,14f): Der Glaube an den erhöhten Menschensohn rettet. In der Offenbarung des Johannes erscheint die S. als großer, roter Drache, der den ganzen Erdkreis verführt (Offb 12,9). – In positiver Bedeutung auch im Wort Jesu: „Seid klug wie die Schlangen" (Mt 10,16). Byzantinische und koptische Bischöfe haben daher als Symbol für die Klugheit in ihrem Amt an der Spitze ihres Hirtenstabes zwei Schlangen abgebildet.*

Schleier, Symbol der Verhüllung und des Geheimnisses („entschleiern" = etwas offenbaren); auch der Himmel wurde als verhüllender Schleier der dahinter wohnenden Gottheit gedeutet (Jes 40, 22). Als Zeichen der Ehrfurcht oder der Angst vor dem Heiligen trugen Opfernde einen S. – Weißer Brautschleier, Zeichen der Vermählung. Nonnen als „Bräute Christi" nehmen den Schleier: sie gehören jetzt dem Herrn. – Schwarzer Trauerschleier, Symbol der Zurückgezogenheit des Trauernden; Zurückhaltung auch bei Mose (Ex 3,6 und nach dem Gespräch mit Gott: Ex 34,35). Manchmal steht der Begriff S. auch für ➚ Mantel und ➚ Vorhang.

Schlüssel, öffnet und versperrt. *Schlüsselübergabe:* Symbolische Rechtshandlung, die Vollmachten verleiht. Jesus übergibt Petrus die Schlüsselgewalt über die Kirche (Mt 16,19); daher ist Petrus oft mit zwei Schlüsseln dargestellt; er hat das Recht zu lösen und zu binden. Zwei S. zieren auch das Papstwappen. Von daher machte der Volksmund Petrus zum Himmelspförtner, verantwortlich auch für die „Schleusen des Himmels", das Wetter. – Als *Schlüssel Davids* (Jes 22, 22f, GL 112, 5. Str.) besitzt Jesus die Schlüssel des Todes und der Unterwelt (Offb 1,18 und 3,7). – Bibel und Gebet sind S. zu Gott. – In diesem übertragenen Sinne gibt es noch viele Bedeutungen: Schlüsselerlebnisse (= tieferes Eindringen in die Seele als sonst); Schlüssel zum Erfolg (= ein Ziel durch Fleiß, Geduld, statt durch Gewaltanwendung erreichen; richtige Ernährung wie auch Bewegung oder Sport als Schlüssel zur Gesundheit; gute Manieren öffnen die „Tür", durch die man vorankommt usw.). „Universalschlüssel" im christl. Leben sind Vertrauen und Liebe, die auch Türen im Leben öffnen können.* – *Schlüsselbund*: Attribut der hl. Martha, Notburga und Zita, die Schutzheiligen der Haushälterinnen und Dienstboten.

Schlüsselblume, zeigt meist gelbe Blütendolden auf kräftigen Stielen und ähneln Schlüsseln. Sie ist ein Frühlingssymbol, da ihr Anblick trübe Wintergedanken vertreiben kann. Die S. wird in Märchen zum *Himmelsschlüssel*, mit dem man hofft, Schätze zu heben. – Mariensymbol, da Maria durch ihren Sohn den Menschen das Himmelstor aufschließt.

Schmetterling, als Bild für die unsterbliche Seele auf vielen Grabsteinen im protestantischen Deutschland. – Auferstehungssymbol in allen Weltreligionen, obwohl erst in der Neuzeit in der christl. Religion dargestellt: Wie die Raupe, die oft nur „schmerzgekrümmt" durch den Staub der Zeit kriecht und immer nur „fressen" muss, in der Puppe scheinbar in Todesstarre verfällt, um dann verwandelt als strahlend bunter S. über Zäune und Abgründe zu fliegen, so wird im Tod unser „Raupenleib" in neues „schmetterlingshaftes" Leben verwandelt.*

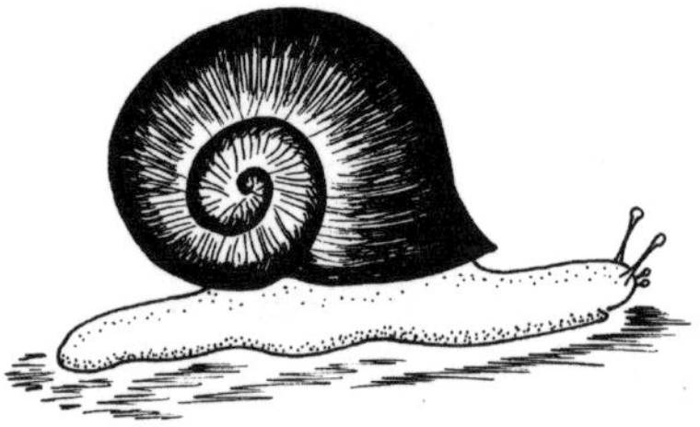

Schnecke, als Auferstehungssymbol manchmal auf Grabsteinen, weil sie im Frühjahr das feste Häutchen vor dem Eingang ihres Gehäuses sprengt. – Modernes Symbol für Anspruchslosigkeit (S. trägt ihr ganzes Haus auf dem Rücken), für Stetigkeit, die sich nicht überstürzt (im „Schneckentempo" kommt sie auch zum Ziel) und übergroße Empfindsamkeit (sie zieht sich schnell ins Schneckenhaus zurück); Gegenteil: jemanden „zur Schnecke machen".*

Schnee, Symbol für Keuschheit und jungfräuliche Unberührtheit wegen seiner weißen Farbe und seiner Reinheit. – Mariensymbol.

Schneeglöckchen, Sinnbild der Frühlingshoffnung. – Auf Tafelbildern Mariensymbol, weil wir ihr die „Geburt der Hoffnung" verdanken.

Schnitzwerk: Die je eigene Maserung schenkt ihm das Unverwechselbare; aber Späne müssen fallen, um ein Kunstwerk entstehen zu lassen. Modernes Bild für den göttlichen Schnitzmeister, der dem Menschen leidvolle Prozesse zumutet. Die Freiheit des Menschen bleibt dabei bewahrt: Er muss bereit sein, sich formen zu lassen.

Schnur, wie die ↗ Kette Symbol der Verbindung; ↗ Gebetsschnur.

Schraube, lösbare Verbindung, die zwei Teile miteinander befestigt; ein Auseinanderbrechen dieser Teile führt Schäden oder eventuell Katastrophen herbei. Modernes Symbol dafür, dass jeder Mensch (jede S.) an der Stelle, wo er steht, ungeheuer wichtig ist.*

Schuh, vieldeutiges Symbol: Seinen „Schuh auf Land werfen" (Ps 60,10) bedeutet: unterjochen; die „Schuhe ausziehen" (Mose vor dem brennenden Dornbusch; Ex 3,5) = sich in Demut und ohne Ansprüche nähern; ebenso: „nicht würdig sein, die Schuhe aufzuschnüren" (Johannes d.T. in Mk 1,7) = Demut; der barmherzige Vater gibt dem Sohn wieder die Schuhe an die Füße, was bedeutet: er ist wieder in die alten Rechte eingesetzt (Lk 15,22). S. auch als Symbol der Bereitschaft, das Evangelium des Friedens in die Welt zu tragen (Eph 6,15). – Die alte Fruchtbarkeitssymbolik bei Ernte- und Hochzeitsbräuchen zeigt sich darin, am Nikolaus- oder Barbaratag seine(n) Schuh(e) vor die Tür zu setzen, damit sie mit Süßigkeiten gefüllt werden; bei

Nikolaus nimmt der Brauch auch auf dessen Mildtätigkeit Bezug.

Schulter, Sinnbild des Herrschens *und* des Dienens: Das ↗ Joch der Zwingherren auf den Schultern zerbrach Gott (Jes 9,3); das auf Christus hinweisende Wort „Gottes Herrschaft ruht auf seinen Schultern" (Jes 9,5); das verlorene und wieder gefundene Schaf (Lk 15,5) wird auf die Schultern gelegt; Christophorus trägt den Jesusknaben auf seinen Schultern.

Schutzmantelmadonna ↗ Mantel

Schwamm, wächst am Meeresgrund, sein Element ist das Wasser. Als Leidenswerkzeug steht er für das Dürsten Jesu am Kreuz (Joh 19,29), an dem ihm nur ein Schwamm mit Essig gereicht wurde. – Modernes Symbol für das Dürsten des Menschen nach Anerkennung, Geborgenheit, Vertrauen und Zuneigung*, dem aber oft Essigschwämme (= Bitterkeit, Ablehnung, Kälte, Gleichgültigkeit) gereicht werden, bis er ins Meer der Liebe Gottes eintauchen darf. *

Schwan, gelegentlich Symbol für Christus mit Bezug auf seine letzten Worte am Kreuz, weil der Singschwan vor seinem Tod angeblich klagende Gesänge anstimmt.

Schwarz, Symbolfarbe für Nacht, Vernichtung, Tod, Trauer, Fall ins Nichts. Von daher im MA Verzicht auf die Eitelkeit der Welt, Abtötung der sinnlichen Lust, Weltverachtung, Demut. Gegenfarbe von ↗ Weiß.

Schwein, unreines Tier für die Juden, deshalb Sinnbild für Verachtung; so konnte der verlorene Sohn als Schweinehirt für den gesetzestreuen Juden keine tiefere Stufe mehr erreichen (Lk 15,15). – In der christl. Kunst Symbol für Unmäßigkeit und Unkeuschheit. – Das S. als Attribut bei Antonius, dem Einsiedler, dem Patron der Haustiere, trägt meist eine Glocke um den Hals = die „Tönnisschweine" hatten das Recht auf freie Weide und vernichteten als Allesfresser in den Dörfern den Abfall.

Schweißtuch der hl. Veronika, die nach christl. Tradition die gaffende Menge und die erbarmungslose Soldateska durchdringt, damit Jesus von seinem Antlitz Schweiß und Blut abwischen kann. Als Taschentuch modernes Symbol (gelegentlich auf Kirchen- und Katholikentagen) für Mut und Engagement gegenüber Gleichgültigkeit.* ↗ Tuch.

Schwelle, wie die ↗ Tür ist die Türschwelle Symbol des Übergangs von einem Ort oder Zustand zum anderen oder auch der Trennung zwischen diesen. Jemanden von der S. weisen bedeutet, nichts mit ihm zu tun haben zu wollen; sich auf der S. niederlassen = sich unter den Schutz des Eigentümers stellen. – Die S. zum Tempel darf nur nach einer Reinigung übertreten werden; von daher auch das Ausziehen der Schuhe vor der S. einer Moschee. – Schwellen vieler Kirchen sind von ganzen Generationen abgenutzt, die sie glaubend überschritten. *Schwellenritus* an der kath. Kirche: Eintauchen der Hand in geweihtes Wasser,

Besiegelung mit dem Kreuzzeichen und Kniebeuge vor dem Allerheiligsten. – Im sog. „Schwellenritus" wurde früher der Sarg auf der S. des Hauses noch einmal in Form eines Kreuzes hin und her bewegt.

Schwert, Symbol der Scheidung, der Entscheidung, der Trennung von gut und böse und darum auch der Gerechtigkeit. Jesus kam nicht, um Frieden zu bringen, sondern das Schwert, vgl. Mt 10,34 (= das Schwert der Entscheidung für oder gegen ihn). Auf vielen Darstellungen des Jüngsten Gerichts geht deshalb ein Schwert – oft ein zweischneidiges – aus dem Munde Christi hervor (vgl. Offb 1,16). – Gottes Wort ist schärfer als jedes zweischneidige S. (vgl. Hebr 4,12). – Das *Flammenschwert* des Cherub (Symbol der Macht wie der Gerechtigkeit) vertreibt Adam und Eva aus dem Paradies. – Der Erzengel Michael (↗ Engel) wird mit einem S. in der Hand dargestellt (=

Kämpfer gegen höllische Mächte), auch mehrere Märtyrer wie z.B. Pankratius. Die beiden Schwerter in der Hand des Paulus meinen sein Martyrium und die Eindringlichkeit seines Wortes. – *Maria mit sieben Schwertern* (= sieben Schmerzen) in der Brust nach Lk 2,35. – Ein S., das fest in der Scheide steckt, versinnbildlicht die Kardinaltugend Mäßigkeit/ Besonnenheit. – Mittelalterliche *Zweischwerter-Theorie:* Die geistliche Macht (= Kirche) und die weltliche Macht (= Staat) stehen sich als gleichwertige Instanzen gegenüber.

Schwertlilie, Pflanze mit schwertförmigen Blättern: alte Heilpflanze, darum wie alle Heilpflanzen im MA Mariensymbol, bes. das der Aussöhnung zwischen Himmel und Erde, zu der Maria beitrug. ↗ Iris.

Sechs, heilig als Zahl der sechs Schöpfungstage, auch als Zahl der Werke der Barmherzigkeit (Mt 25,35f). In der Natur: sechseckige Bienenwabenmuster, sechsblättrige Blüten, sechseckige Kristallform der Schneeflocke; Würfel (mit sechs Seiten) als idealer Baustein. Als Produkt der ersten männlichen und ersten weiblichen Zahl ($3 \times 2 = 6$) auch Sexualbedeutung. – Die S. ist in der Offenbarung des Johannes aber auch die Zahl des Bösen: 666 ist die Zahl der Bestie, der höchsten negativen Macht unter den Gottesfeinden (Offb 13,18). ↗ Davidsstern.

See, Teich gilt als aufgeschlagenes Auge der Erde; in den Bergen als „Auge Gottes".

Seele: geistiges, Leben spendendes Prinzip im Menschen. Im MA gerne lebendig-figürlich dargestellt als Boot, das auf dem Wasser dahintreibt und schließlich in den Hafen gelangt, oder als Taube mit Ölzweig (= Frieden Christi). ↗ Olivenbaum; oder Engel nehmen die Seele des Menschen (in Gestalt eines kleinen Kindes) in Empfang (s. Heiligenbilder).

Seerose ↗ Lotosblume

Segelschiff ↗ Schiff

Seifenblasen, mit einem Pustefix auf Reisen zu schicken, ist ein beliebtes Kinderspiel. Weil die in Regenbogenfarben schillernden S. unberechenbar zerplatzen, sind sie Symbol für Unbeständigkeit, auch für den plötzlichen Tod, aber ebenso für die schönen Augenblicke im Leben, die nicht festzuhalten sind.*

Seil ↗ Bergsteigerseil

Seil mit Knoten, Symbol für ungelösten Streit – so wie der hl. Nikolaus v.d. Flüe es den zerstrittenen Eidgenossen vorhielt. Wenn beide Parteien in ihre Richtung ziehen oder eine Seite nachgibt, bleiben die Knoten, ziehen sich sogar noch mehr zu. Es bleibt nur, die Knoten miteinander „aufzulösen" im Gespräch oder in guten Kompromissen, denn die Hau-Ruck-Methode, die Alexander d.Gr. beim Gordischen Knoten anwandte, reißt alle Verbindungen ab.* – *Viele Seile* (= Vertrauen, Treue, Dienstbereitschaft ...), richtig miteinander verschlungen, ergeben ein ↗ Netz: Symbol für Gemeinschaft, die andere tragen kann.*

Senfkorn, eines der kleinsten Körner, das schließlich zum Baum wird, in dessen Zweige die Vögel nisten (Mt 13,31f). Symbol für den Glauben und das Reich Gottes, die wachsen müssen, um diese Welt zu erfüllen.

Sense, weil sie beim Abmähen unbarmherzig alles gleichmacht, Symbol des alles zerstörenden Todes, auch der verrinnenden Zeit. Attribut des „Sensenmannes" (= Tod als Skelett), der Zeit und Tod darstellt. Dagegen steht manchmal der Hirtenstab ↗ Stab, der an den Hirten Christus erinnert, an den die wehrlosen Schafe sich halten können. ↗ Sichel.

Seraphim ↗ Cherub

Sichel, altes Erntesymbol, das an den „Schnitter Tod" erinnert, aber auch an Hoffnung, Erneuerung und Wiedergeburt. – Attribut der hl. Notburga, die als Magd auf dem Felde die S. an einen Sonnenstrahl hing, um den Sonntag zu heiligen.

Sieb, Symbol des kritischen Aussonderns (Lk 22,31: Der Satan hat verlangt, euch wie Weizen zu sieben). Auch Scheidung von Guten und Schlechten, dann oft im Zusammenhang mit göttlicher Gerechtigkeit oder Jüngstem Gericht. – Symbol dafür, Gehörtes vor dem Weitererzählen zu sieben, d.h. zu prüfen, ob es wahr, gut und notwendig ist.*

Sieben, heilige Zahl, die als geheimnisvollste die Drei (= Gott) und die Vier

(= Welt) vereint. Zahl der Vollendung, der Fülle und der Vollständigkeit: Sieben Tage dauert die Woche (vgl. sieben Schöpfungstage); sie ist uns wegen der sieben Tage dauernden Mondphase „auf den Leib geschnitten"; sieben Töne der Tonleiter; sieben Farben hat der ↗ Regenbogen; wer seine „sieben Sachen gepackt" hat, ist reisefertig; sieben Lebensalter des Menschen; sieben Künste und Wissenschaften. Mehrfach in der Bibel unter positiven Vorzeichen: Siebenarmiger ↗ Leuchter, Buch mit sieben Siegeln, sieben ↗ Himmel – „im siebten Himmel" sein; sieben Gemeinden (Offb 1,11), sieben Gaben des Hl. Geistes nach Jes 11,2; sieben Bitten des Vaterunsers; siebenundsiebzigmal ist Vergebung gefordert, vgl. Mt 18,22. – Die S. auch unter negativen Vorzeichen: Sieben Dämonen; sieben Köpfe des apokalyptischen Tieres, vgl. Offb 12,3; sieben Zornesschalen Gottes. – In der kath. Kirche positiv: Sieben Sakramente und sieben Tugenden (drei göttliche und vier Kardinaltugenden), aber auch sieben Todsünden. – Sieben Freuden und Schmerzen Mariens; zwei mal sieben = vierzehn Nothelfer, vierzehn Kreuzwegstationen (modern oft nur sieben). – Die S. weist, weil noch dem AT zugehörig, über sich hinaus auf die ↗ Acht als Zahl der Vollkommenheit und der Auferstehung.*

Siebzig, Verstärkung der hl. Zahl Sieben als Produkt aus sieben mal zehn: Zahl der Jahre, die das Volk Israel in der Babylonischen Gefangenschaft weilte; Anzahl der Gelehrten, die das AT ins Griechische (= Septuaginta) übertrugen. – Siebzig mal tausend = Siebzigtausend ↗ Schleier trennen nach islamischer Vorstellung Gott von seinen Geschöpfen.

Siegel, als Prägestempel Sicherung des Eigentumsrechtes und der Macht; oft Tieren eingebrannt, manchmal auch Menschen (früher den Sklaven; unter Hitler der SS und KZ-Häftlingen). Versiegelt sind die göttlichen Geheimnisse, die das ↗ Lamm öffnen wird (vgl. Offb 5,9: das Buch mit den sieben Siegeln). – Die Besiegelung durch ein Kreuz, Weihwasser oder ↗ Chrisam meint „Du gehörst Christus an", so beim Begrüßungsritus der Taufspendung (= Kreuz auf Stirn), am Eingang der Kirche mit Weihwasser, vor dem Evangelium (= drei Kreuze auf Stirn, Mund und Herz) wie auch bei der Firmung und Priesterweihe mit Chrisam. In der Ostkirche wird die Chrisamsalbung „Sphragis" (= Siegel) genannt. – 144 000 tragen das Siegel auf den Stirnen: Offb 7,1–4.*

Simson, Samson, letzter großer Richter Israels (vgl. Ri 13–16); starker Held im Kampf gegen die Philister, der seine wunderbaren Kräfte aufgrund seiner Locken besaß (= Nasiräerlocken, d.h.

ein Nasiräer weiht sich zeitweise ganz Gott und lässt sein Haupthaar wachsen). Weist auf Christus hin: So wie S. den Rachen des Löwen aufriss, so wird Christus den Satan besiegen; so wie S. die Stadttore von Gaza wegtrug, wird der Auferstandene die Pforten der Hölle überwinden.

Singen: Gemeinschaftliches Tun im Gottesdienst, um Gott zu danken und zu loben aus Freude darüber, was Jesus für uns getan hat. „Singen ist doppeltes Beten" meint: Im gemeinschaftlichen Gesang, der entscheidend zur Atmosphäre beiträgt, erhebt sich die Seele leichter.

Sitzen, im Gottesdienst symbolische Haltung als Ausdruck der Ruhe, Entspannung und Sammlung, z.B. beim Hören der Lesung, Predigt oder einer Meditation. S. ist auch Ausdruck von Würde: Der Thronende ist der Mächtige; der wahrhaft Thronende ist Gott (Offb 4,2). Jesus setzte sich nach der Himmelfahrt zur Rechten Gottes; er setzt sich am Ende der Welt auf den ➚ Thron der Herrlichkeit (Mt 25,31). ➚ Gehen, ➚ Stehen, ➚ Knien.

Skelett, Personifizierung des Todes, oft ironisch lächelnd oder in nachdenklicher Haltung und mit ➚ Sanduhr/Stundenglas oder ➚ Sense oder Flöte in der Hand; gelegentlich auch mit Krone. Im Totentanzmotiv – wohl unter dem Eindruck der Pestepidemien entstanden – rafft er Menschen jeden Alters, Geschlechts und Standes fort. Manchmal zu Pferd mit ➚ Pfeil und Bogen.

Skier ➚ Schier

Skorpion, wegen seiner tödlichen Stiche gefährlich-gefürchtetes Tier; symbolisierte im MA Satan, Ketzer, Tod und Neid. Wer Christus folgt, kann ohne Schaden auf Skorpione treten (Lk 10,19). Die rätselhafte Stelle bei Lk 11,12 wird gedeutet: Ist unter euch ein Vater (= Gott), der seinem Sohn (= dem, der glaubt) einen Skorpion (= Tod) gibt, wenn er um ein Ei (= Leben) bittet?

Smaragd, grüner Edelstein, gehört zu den Grundsteinen des himml. ➚ Jerusalems (Offb 21,19). Im smaragdgrünen Regenbogen der Apokalypse (Offb 4,3) sieht man gern das Symbol der göttlichen Gnade und Barmherzigkeit. Im Symboldenken der Kirche steht er auch noch für Reinheit, Glaube, Unsterblichkeit. Der S. hat – laut Hildegard von Bingen – Kraft gegen allerlei Krankheiten.

Sodom und Gomorra, bibl. Städte; wegen ihrer Gottlosigkeit und ihres Sittenverfalls sprichwörtliches Symbol für Lasterhaftigkeit und Verfall.

Sonne, Fixstern, den die Erde und die übrigen acht Planeten umkreisen. Symbol der Verkörperung des Lichtes (mit dem Licht nicht gleichzusetzen, aber in der Symbolik aufs engste zusammengehörig) wie des Feuers als Leben spendendes Prinzip und darum im Christentum Symbol für Gott. Der Sonnwendfeier am 25. Dezember, der Kultfeier des Sol Invictus (= die unbesiegte Sonne), wurde das Fest der Geburt Christi am 6. Januar entgegengesetzt. Um die Mitte des 4. Jhs. wurde das Fest aber auf den 25. Dezember gelegt, um die Kultfeier des Sol Invictus, des damaligen römischen Reichsgottes, endgültig zu verdrängen. So wurde Jesus Christus zur S. (GL 644: „Sonne der Gerechtigkeit", weil sie ihre Strahlen gerecht über alle Lebewesen verteilt); diese S. wurde auch zum Symbol für die Auferstehung, weil sie die Finsternis „besiegt", und ist auch in den Feuerflammen zu Pfingsten noch erkennbar.* Wer Christus nachfolgt, wird im Reich des Vaters wie die S. leuchten (Mt 13,43). – Alte Kirchen wurden mit dem Altarraum nach Osten, zum Sonnenaufgang, gebaut. Taufkatechumenen widersagten nach Westen dem Satan und schworen dann nach Osten Christus die Treue, dorthin, wo die Wiederkunft Christi erwartet wird. – Als Symbol der Herrlichkeit Gottes wurden Christus und die Gottesmutter mit ↗ Aureolen, Heilige mit ↗ Gloriolen versehen. ↗ Mandorla. – S. als Symbol für den Dreifaltigen Gott: Sonne (= Gott Vater), Strahlen (= Jesus Christus), spürbare Wirkung in der Wärme (= Hl. Geist).* – Maria als „Morgenröte" brachte Jesus zur Welt; in der Apokalypse steht sie mit der Sonne umkleidet (Offb 12,1). ↗ Mond als Gegensatz.

Sonnenblume: Da sie erst durch Cortez († 1547) nach Europa kam, ist ein Teil der Symbolik noch sehr jung. Wegen ihrer goldgelben, strahlig angeordneten Blütenblätter wird sie in fast allen Sprachen nach der Sonne benannt. Daher wurde sie zum Symbol der Liebe zu Gott und zu Jesus Christus. Weil sie sich stets der Sonne zuwendet, steht sie auch als Symbol für eine Seele, die ihre Gedanken und Gefühle unablässig auf Gott richtet.* – Die S. ist auch modernes Symbol für das Gebet.*

Sonnenwende: Die Winter-S., Beginn der zunehmenden Dauer des hellen Tages, gilt als Symbol für Christi Geburt, die Sommer-S. als Symbol für Johannes d. Täufer: „Er muss wachsen, ich muss kleiner werden" (Joh 3,30).

Sonntag, der Tag, an dem Christen die Auferstehung Christi feiern, der nicht am Sabbat auferstand, sondern am Sonntag, an dem Gott – symbolisch gesprochen – das Licht erschuf (Gen 1,3). Der „Sonntag" (in romanischen Ländern setzte er sich als „Herrentag" durch) war der Tag der Sonne, dem Sonnengott Helios geweiht.

SOS-Plakette an Autos in Anlehnung an das internationale Notsignal; volkstümlich als „save our souls" (= rettet unsere Seelen) gedeutet. Aktion von Pater Leppich ins Leben gerufen. Die Plakette drückt aus: Im Falle eines schweren Unfalls bitte einen kath. Priester rufen.

Spaten, Symbol der mühevollen Arbeit nach der Vertreibung aus dem Paradies. Auf Bildern der Auferstehungsszene mit Maria Magdalena wird Jesus als Gärtner oft mit dem Spaten in der Hand dargestellt (Joh 20,11–17). – Modernes Symbol für „Gräben zuschütten" oder „die erste Liebe ausgraben": Offb 2,4.* Auch Symbol für die Arbeit von Erzieherinnen und Erziehern, nämlich „den Boden immer wieder umzugraben (= aufnahmebereit zu machen) und zu düngen" (Lk 13,6–9).*

Speichel gilt als heilende Substanz – so wie Jesus den Speichel zu Heilzwecken benutzte: Er bestrich damit die Zunge des Taubstummen (Mk 7,33) und die Augen des Blinden (Mk 8,23; Joh 9,6). Die Bestreichung von Ohren und Mund mit Speichel gehörte bis zum letzten Konzil zum Taufritus mit der Bedeutung: die Sinne für Gott öffnen. – Anspeien gilt bis heute als schwere Belei- digung (Mt 26,67); ausspucken ist Zeichen der Verachtung.

Spiegel, Symbol der Eitelkeit; wie der ↗ Narr heutzutage oft den Narrenspiegel in der Hand hält mit dem kleinen Abbild eines Narren. Deutung: Ich bin wie Narziss in mich selbst verliebt. Dagegen modern: ein *Rück-Spiegel:* Ich schaue erst voller Rücksicht in den Spiegel, bevor ich losfahre*. – S. auch Symbol der Wahrheit; ein australisches Sprichwort sagt: „Wer einen guten Freund hat, braucht keinen Spiegel" (= Ich erwarte von ihm, dass er mir – wenn auch behutsam – die Wahrheit sagt; vor dem Freund Jesus Christus darf ich alle Masken und Lebenslügen ablegen).* – In der Hl. Schrift ist die „Weisheit" der ungetrübte Spiegel von Gottes Kraft (Weish 7,26), die Schöpfung spiegelt Gottes Herrlichkeit wider, Jesus ist der Spiegel des Vaters (wer mich sieht, sieht den Vater: Joh 12,45). – Maria ist der „Spiegel der Gerechtigkeit", weil Gott in ihr sein Ebenbild in Gestalt seines Sohnes „spiegelte". Auch Heilige werden „Spiegel Gottes" genannt, weil sie göttliche Tugenden wie Glaube, Hoffnung und Liebe in besonderem Maße widerspiegeln. – Eine *Spiegelscherbe* ist modernes Symbol für jeden Menschen, der als Abbild Gottes etwas von dessen Güte im Leben weiterspiegeln kann, auch in die Dunkelheiten, in die Sonnenstrahlen nicht hingelangen.* – Der Begriff „Gewissensspiegel" als Gewissenserforschung wird noch häufig benutzt.*

Spinne, wegen ihres leicht zerreißbaren Netzes Symbol des Hinfälligen und der eitlen Hoffnung. – Modern manchmal als Symbol für die Wunder in der Schöpfung, aber auch für die Gedankenlosigkeit, ja Gottlosigkeit vieler Zeitgenossen, die den Faden „nach oben", an dem ihr ganzes Netz hängt, einfach zerstören.*

Spirale, Ursymbol der Wiederholung, der ewigen Wiederkehr, des zyklischen Charakters der Evolution – wie der Mond in seinen regelmäßigen Phasen des Entschwindens und der Wiederkehr.

Seit der Steinzeit auf Höhlenwände gemalt oder in Felsen geritzt; auch zu beobachten an Farnen, auf Schneckenhäusern und Muscheln. Ganz allgemein ein Sinnbild für den Weg (darum mit dem ↗ Labyrinth verwandt), der auch dem Lebensweg des Menschen entspricht: Entwicklung vom Keim bis zum Höhepunkt und das Wiedereinrollen im Altern bis zum Tod; für das Zurückweichen in den Schutz des „Innen" und für mutiges Heraustreten (= Neuanfang) in das „Außen", für Angst und Befreiung, Flucht und Wagnis. Ebenso die *Doppelspirale*, die verschiedene Pole zeigt: Aufrollen (nach rechts gedreht) = Entfaltung und Zukunft wie (nach links gedreht) Rückkehr zum Ursprung = Verfall und Vergänglichkeit. (Auf alten christl. Grabsteinen keltischer Herkunft zu finden. – Auf einem Relief der Kathedrale zu Vézelay [Burgund] trägt Jesus auf dem Gewand zwei Spiralen [je eine an der rechten Hüfte und am linken Knie]; Deutung: Er, Herr über Leben und Tod, zeigt den Weg vom Irdischen zum Überirdischen, vom Vergänglichen zum Ewigen.) – Modernes Symbol beim meditativen Gang durch eine Spirale zu einer brennenden Kerze in der Mitte, an der ein Licht entzündet wird und wieder zurück als Lebensweg-Vollzug.* – Gelegentlich auch als Symbol für die Sucht nach immer mehr Besitz und Genuß mit dem Hinweis, den Weg zurück zu suchen, der mehr „nach innen" gerichtet ist.* ↗ Weg.

Spreu, die beim Dreschen im Wind verweht. Symbol für Menschen, die für „zu leicht" befunden werden.

Sprungtuch, „Erste-Hilfe"-Gerät der Feuerwehr, das einen herabspringenden Menschen vor dem tödlichen Aufprall bewahrt; modernes Symbol für Nächstenliebe und Kameradschaft; als „Sprungtuch Gottes" auch deutbar auf die ausgebreiteten Arme Gottes im Bußsakrament oder als das Erbarmen Gottes im letzten Gericht.

Stab, Stock, Symbol der Macht (bis hin zum Zauberstab und zu der Wünschelrute), der bei Berührung wirkkräftig wird; z.B. verschiedene Wunder bei Mose: Mit dem Stab das Meer teilen (Ex 14,16), das Wasser aus dem Fels springen lassen (Ex 17,5f). Der S. kann sich auch in Lebendiges verwandeln wie bei Mose und Aaron in eine Schlange (Ex 7,12) oder wie der grünende und fruchtbringende Stab Aarons (Num 17,23) oder der des hl. Christophorus. – Der S. auch als Symbol der Wanderschaft: Die Israeliten aßen das Paschamahl mit dem S. in der Hand (Ex 12,11); die Jünger Christi sollen nur einen S. mitnehmen (Mk 6,8); als Pilgerstab bei Jakobus d.Ä.; darauf fußen die Wallfahrten nach Santiago de Compostela; der tau-förmige S. (↗ Kreuz nach dem griech. Buchstaben „t") des Wüstenvaters Antonius, der S. des hl. Josef auf der Flucht nach Ägypten. – S. auch als langer Botenstab in den Händen von Engeln wie bei Gabriel und Raphael. – Aus dem Hirtenstab (Ps 23,4) entwickelte sich der ↗ *Krummstab* der Äbte (hier die Drehung nach innen gewendet mit der Bedeutung: seine Autorität erstreckt sich nur auf den inneren Bereich des Klosters) und der Bischöfe (die Drehung ist nach außen gewendet). Der hl. Ambrosius schreibt dazu: „Ein Bischofsstab muss unten spitz sein, um die Trägen anzustacheln; in der Mitte gerade und fest, um die Schwachen zu regieren; oben krumm, um die Verirrten zu sammeln".* Am Ende wird Gott alle Völker mit eisernem Stab lenken (Offb 12,5; 19,15); hier wird der S. zum Zepter des Weltenherrschers. – „Über einen den S. brechen" bedeutete früher, ihn zum Tode zu verurteilen. – Das Vertrauen auf Gott ist wie ein Stab in der Hand.* – Ein Bündel Stäbe ist Symbol für eine Gemeinschaft, die stärker ist als der Einzelne.* ↗ Äskulapstab, ↗ Wanderstab.

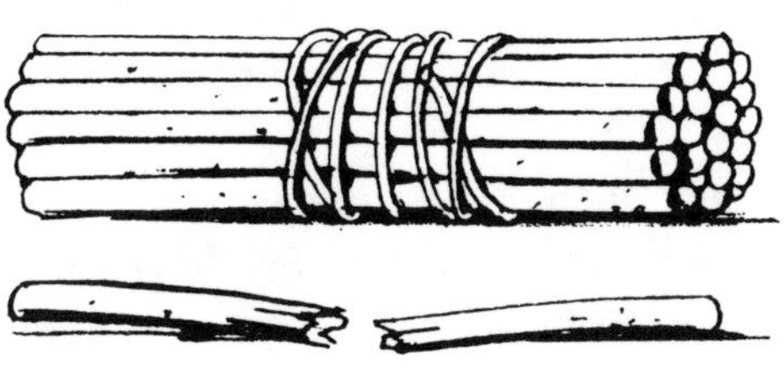

Stachel ↗ Dorn

Stacheldraht, modernes Symbol für Abgrenzung, Zäune, Vorurteile, Unerwünschtsein.* ↗ Rose, die aus Stacheldraht „wächst".

Stadt, Symbol göttlicher Ordnung, weil befestigt und geordnet angelegt. Die Anti-Stadt ist Babylon als gottfeindliche Weltmacht (Offb 17,1–18 auf Rom bezogen), die auch an die göttliche Strafe der Sprachverwirrung erinnert (vgl. Turmbau von Babel; Gen 11,1–9). Die S. Zion (= „Burg") wurde zum Vorbild der aus lebendigen Steinen gebildeten Ecclesia (= Kirche) des Neuen Bundes; zur S. des Paradieses und ewiger Seligkeit wurde das himml. ↗ Jerusalem, das durchströmt ist von lebendigem Wasser (Offb 22,1). – Im Lauf des MA nahmen Tabernakel, Reliquiare und Monstranzen die Form einer S. an.

Staffelstab, wird in Laufwettbewerben durch Übergabe („fliegende Wechsel") an den nächsten Läufer weitergereicht. Modernes Symbol für harmonische Gemeinschaft mit dem Willen, gemeinsam im Lauf des Lebens eine Siegestrophäe zu erlangen (ähnlich 1 Kor 9,24f). *

Staub ↗ Asche

Staudamm, grenzt eine Talsperre zur Talseite durch eine Mauer ab und ermöglicht so eine Wasseransammlung zur Versorgung oder Energiegewinnung. – Modernes Symbol für das Sammeln von Erlebnissen oder Kräften, z.B. in Ferien oder Einkehrtagen für die Zeiten innerer Dürre. – Ist die Staumauer aus großen Steinen zusammengefügt, auch Zeichen für eine Gemeinschaft, die Kräfte stauen oder einem Druck standhalten kann, um so zum Segen für andere zu werden. *

Stechginster mit Dornen zunächst ein Sinnbild für die Sünde des Menschen. Weil aber im stellvertretenden Leiden Christi aus den Dornen „Blüten" wachsen, auch als Erlösungssymbol wie ↗ Distel und ↗ Dornbusch.

Stehaufmännchen, modernes Symbol, sich durch nichts unterkriegen zu lassen, sondern sich immer wieder aufzurichten.*

Stehen, symbolische Haltung als Zeichen der Würde des Menschen, das ihn vom Tier unterscheidet. – Vor dem Höherstehenden erhebt man sich. – S. beim Gebet bedeutet Ehrerbietung und Dienstbereitschaft Gott gegenüber. So wie Jesus in der Synagoge zu Nazaret stehend aus der Schrift des Propheten Jesaja vorlas (vgl. Lk 4,16), so liest der Liturge stets stehend das Evangelium vor und die Gläubigen stehen dabei aus Achtung vor dem Wort Christi. – In frühchristl. Zeit wurde Jesus am Kreuz stehend dargestellt = Überwindung des Todes. – Die ↗ Engel als dienstbare Geister werden immer in aufrechter Haltung dargestellt. ↗ Knien, ↗ Sitzen.

Stein, Sinnbild der Stärke (↗ Felsen) und der Macht des schützenden Gottes. In vielen Religionen werden Meteoriten als vom Himmel gefallene Steine verehrt, wie z.B. der schwarze Meteorit in der Ka'aba zu Mekka. – Jesus wird zum ↗ Eckstein (Bibel). Der große S., der vor sein Grab gewälzt wurde, ist Sinnbild für die Sündenlast der Menschheit; der weggewälzte S. steht für die Wegnahme dieser Schuld und der Macht des Todes. Aufgerichtete Steine auf Gräbern als Grabstein (↗ Grab) waren ursprünglich als Schutz vor feindlichen Mächten gedacht. – Ein *Steinaltar* galt als Symbol für die Gegenwart Gottes. ↗ Altar. – Der Sieger erhält einen weißen S. (Offb 2,17): In Gerichtsverhandlungen der Antike bedeutete er den Freispruch des Angeklagten; bei Wettkämpfen wurde er dem Sieger ausgehändigt = Christus wird alle, die ihm nachgefolgt sind, freisprechen und zu Siegern erklären. – Die Steinigung, die bei den Juden auf Gotteslästerung und Ehebruch stand, wird an Jesus versucht (Joh 10,22ff), bei Stephanus vollstreckt (Apg 7,54ff); darum wird Letzterer oft mit Steinen dargestellt. – Modernes Symbol für Schuld und Bedrängnis („Stolpersteine", „Stein des Anstoßes", aus denen auch Nützliches gebaut werden kann; der „Stein, der uns vom Herzen fällt", der Stein, den man im Glashaus sitzend, nicht werfen darf; „steinreich", „steinalt") – Der *abgerundete Stein*, dem im Flussbett alle Ecken abgestoßen wurden, ist Sinnbild eines formenden Prozesses.* ↗ Berg, ↗ Eckstein, ↗ Edelsteine, ↗ Ziegelstein.

Stern: Auch die Sonne ist ein Stern. Sterne sind Lichtquellen, Symbol für das die Finsternis durchdringende, geistige

Licht; auch Symbol allzu hoher Ideale („nach den Sternen greifen"). Die Vielzahl von Sternen am Himmel weist auf die zahlreiche Nachkommenschaft Abrahams hin (Gen 15,5). Die Bibelstelle

„Ein Stern geht in Jakob auf" (Num 24,17) wird auf den Messias gedeutet. Christus wird im Exsultet der Osternacht als ↗ Morgenstern besungen, der keinen Untergang kennt. Sterne an Gewölben von Kirchen oder Kanzeldecken weisen auf die ewige Seligkeit hin.* – Der *Stern von Bethlehem* (oft als Engel dargestellt) geleitet die drei Sterndeuter aus dem Morgenland nach Bethlehem. Beim ↗ Sternsingen tragen ihn Kinder von Tür zu Tür. Ein *Weihnachtsstern* ist achtstrahlig (↗ Acht); er steht als Meerstern trostreich und wegweisend über den Wogen der Welt. – Maria wird dargestellt als sechsstrahliger ↗ Morgenstern, der dem Aufgang der Christussonne (↗ Sonne) vorangeht. Sie wird mit einem Sternenkranz über ihrem Haupt dargestellt (zwölf Sterne nach Offb 12,1).* – Der hl. Suitbert sah im Traum einen achtstrahligen S. über Germanien aufgehen, darum trägt die St. Suitbertus-Kirche in Düsseldorf-Bilk einen Stern auf dem Turm. ↗ Davidsstern.

Sternsingen, größte Kinderaktion in Deutschland zum Hochfest „Erscheinung des Herrn" (= Dreikönige) mit derzeit einer halben Million TeilnehmerInnen. Meist ziehen drei Kinder verkleidet als Kaspar, Melchior und Balthasar mit einem Stern von Haus zu Haus und schreiben mit Kreide den Segen des Kindes in der Krippe auf die Türen: C + M + B + Jahreszahl (= Abkürzung für „Christus + mansionem + benedicat" = „Christus segne dieses Haus"). Dabei sammeln sie für bedürftige Kinder in benachteiligten Ländern der so genannten Dritten Welt.

Stiefel ↗ Schuhe

Stier, ↗ Evangelistensymbol für Lukas. ↗ Goldenes Kalb. Zwölf steinerne Stiere (=Rinder) trugen in Salomos Tempel das „eherne Meer", das rituellen Waschungen diente (1 Kön 7,25); sie schauten in vier Himmelsrichtungen, was später auf die zwölf Apostel gedeutet wurde, die in alle Himmelsrichtungen auszogen, um den Völkern das Wasser des Lebens zu bringen. ↗ Ochs (= Stier) und ↗ Esel stehen an der Krippe.

Stimmgabel, zweizinkige Stahlgabel, die beim Anschlagen eine Schwingung erzeugt, die den Kammerton a sicher finden lässt. – Modernes Symbol, den „richtigen Ton" zu finden, der einer Gemeinschaft die „richtigen Schwingungen" schenkt. Es gibt diese Harmonie in den vielen Stimmen der Schöpfung. Sie wird aber noch in den meisten Gemeinschaften bis hin zu den Staaten und Kirchen gesucht. Wo der richtige Ton nicht gefunden wird, ergeben sich Dissonanzen.*

Stock ↗ Stab

Stola, ein Stoffstreifen, den ein kath. oder orthodoxer Diakon (als Schärpe über der linken Schulter), Priester und Bischof um den Nacken trägt als Zeichen seines priesterlichen Amtes; ursprünglich ↗ Joch des Herrn; heutzutage mehr Symbol für die Gnaden Gottes, die dem Träger zufließen.

Storch, gilt wohl deshalb als „Kinderbringer", weil er zur Zeit der erwachenden Natur aus dem Winterquartier zurückkehrt; daher auch Symbol der Auferstehung. In manchen Gegenden bringt der S. als Symbol der Fruchtbarkeit die Ostereier.

Straßenbahn oder Bus, erhält durch einen Drahtbügel „nach oben" aus der elektrischen Oberleitung die Kraft zur Fortbewegung. Modernes Sinnbild für die Verbindung „nach oben" im Glauben oder durch die Kraftquelle der Sakramente. Ähnlich der Autoscooter.*

Strauß (Blumenstrauß), Symbol der Einheit in der Vielheit, weil er die unterschiedlichsten Blumen in Form und Farbe verbindet. Als Geschenk Zeichen der Zuneigung (Sag's mit Blumen!).

Strauß (Vogel): Straußeneier hängen bes. in koptischen Kirchen in meditativer Funktion von der Decke. Früher glaubte man, der S. brüte seine Eier nicht aus, sondern blicke diese unverwandt an, bis er mit der Kraft seines Blickes die Jungen darin lebendig mache.

Strick, Tau: *Positiv:* Ein Seil, mit dem ein Boot an Land befestigt wird. *Negativ:* Symbol für moralische Schuld bei „Verstrickung in Sünde". Symbol der Bindung (= Unglaube und Reichtum können zu Fallstricken werden) und Knechtschaft (= Macht des Todes), dem Gott „die Ketten der Liebe" entgegenstellt (Hos 11,4), wenn „alle Stricke reißen". Attribut des Judas, der sich erhängte, und des Teufels, der die Verdammten an einem S. hinter sich herzieht. Die Stricke, an denen Märtyrer zu Tode gebracht werden (auch „Strafe" im KZ durch Erhängen), lösen sich in der Auferstehung.

Stroh, seine gelbe Farbe erinnert an ↗ Gold. Im Märchen „Rumpelstilzchen" soll die Müllerstochter S. zu Gold spinnen. S. dient im Notfall als Viehfutter oder als Lagerstatt für arme Menschen. Das Stroh in der Krippe ist Ausdruck für die Solidarisierung Gottes mit den Armen. – „Dumm wie (Bohnen-)Stroh" = hoffnungslos unbegabt. – *Strohsterne,* beliebter Advents- und Christbaumschmuck, weisen auf das Licht der Welt, das uns auf dem Stroh der ↗ Krippe geschenkt wurde.

Stundenglas ↗ Sanduhr

Sturm ↗ Wind

Stützpfahl, bewahrt ein junges Bäumchen im Sturm vor dem Umknicken. Modernes Symbol für den Halt und Schutz des jungen Lebens durch Eltern und Erzieher, Schule und Kirche.* ↗ Stützstock.

Stützstock in der Hand eines alten oder behinderten Menschen bis hin zur Stütze für Blumen oder junge Bäume: modernes Symbol für die hilfreiche Stütze durch andere oder durch Gott.* ↗ Stützpfahl.

Sündenbock: Am jüd. Versöhnungstag lud der Hohepriester symbolisch alle Sünden des Volkes auf einen Bock und jagte ihn dann in die Wüste, wo er umkam; die Israeliten galten dann als von Schuld gereinigt (Lev 16,21). – „Einen Sündenbock finden" heißt es bis heute als Redewendung: gemeint ist damit eine Person, die für die Schuld anderer büßen muß.

Symbolzahlen ↗ Zahlen

T

Tabernakel, früher auch Sakramentenhäuschen genannt: wertvoll verzierter Aufbewahrungsort in kath. Kirchen für die ↗ Hostien, die von der Eucharistiefeier übrig bleiben und jederzeit zu Kranken gebracht werden können. – Auch Symbol für Maria, die Jesus in sich trug.

Tag, Gegensatz zur ↗ Nacht. Symbol der Klarheit und Unverstelltheit. Sprichwort: „Die Sonne bringt es an den Tag".

Tal, Gegensatz zum ↗ Berg, als Symbol für Abstieg und Tiefe („Tal der Tränen"). – Fruchtbares Tal: Symbol für Fülle und Wohlergehen.

Talar, von talaris = „bis zu den Knöcheln gehend": langer schwarzer Mantel, der bis zu den Knöcheln reicht. Amtskleid der Geistlichen; ev. Pfarrer tragen ihn nur während des Gottesdienstes, während die kath. Priester und Diakone ihn mit Chorrock (vgl. Abb.) bei Prozessionen usw. auch außerhalb der Kirche benutzen, auch die Ministrantinnen und Ministranten. ↗ Rochett.

Talsperre ↗ Staudamm

Tandem: Fahrrad mit zwei hintereinander liegenden Lenkern, Tretlagern und Sätteln. Symbol für das gemeinsame Bemühen, z.B. in der Ehe: Vier Augen sehen mehr als zwei; geteilte Freude ist doppelte Freude, geteiltes Leid ist halbes Leid; der/die Stärkere nimmt Rücksicht auf die/den Schwächere/n; Harmonie und Versöhnung sind nötig, um Blockaden aufzuheben oder sich auf eine Richtung zu einigen.*

Tanne, modernes Symbol für einen Hoffnungsbaum, weil er immer grün ist. – Er ist ein „prophetischer Baum", d.h. er zeigt in seinen Tannenzapfen das Wetter von morgen an. – Unter den Schuppen eines Tannenzapfens wachsen 100–200 Samen heran, die der Wind in alle Richtungen zerstreut; daher modernes Symbol für den Menschen, der seine inneren Schätze austeilt. * ↗ Christbaum.

Tannenzapfen ↗ Tanne

Tanz, Ausdruck geistig-geistlicher und physischer Freude. So der Festtanz der Frauen nach Davids Sieg über Goliath (1 Sam 18,6f) oder Davids Tanz vor der

Bundeslade (2 Sam 6,14) wie auch der Tanz Mirjams, der Schwester des Mose, nach dem Durchzug durch das Rote Meer (Ex 15,20f). Doch der Götzentanz ums ↗ Goldene Kalb (Ex 32,19) oder der verführerisch todbringende Tanz der Salome (Mk 6,21–29) brachte im NT und in der Urkirche den Tanz in Misskredit, verstärkt durch Aussagen von Kirchenlehrern, wie z.B. folgender von Johannes Chrysostomus: „Wo man tanzt, ist der Teufel." Die neuere Literatur zum Tanz in der Kirche beruft sich mehr auf den Satz des hl. Augustinus „Mensch, lerne tanzen, sonst wissen die Engel im Himmel mit dir nichts anzufangen"; sie erinnert zudem an den rituell-liturgischen Brauch des Tanzes beim Abschreiten der Labyrinthe in alten Kirchen. Alte Tradition ist auch die „Echternacher Springprozession". – Die mittelalterlichen *Totentänze* erinnern an den Tod als Knochenmann, der sein Opfer ins Grab führt.

Taschenlampe, modernes Symbol für die Aufforderung Jesu „Ihr seid das Licht der Welt" (Mt 5,14). Wenn die „Batterien" vorhanden und aufgeladen sind, wenn das „Glühbirnchen" in Ordnung ist und die „Kontaktstelle" nicht blockiert wird, leuchtet sie.*

Tau (Niederschlag), fällt nachts unhörbar und glitzert in der frühen Morgensonne wie Perlen. In dieser geheimnisvollen Sicht als Regen der Gnade in zahlreichen Adventsliedern: „Tau aus Himmelshöhn"(GL 103), „Tauet, Himmel, den Gerechten" (GL 104).

Tau = Taw, der letzte Buchstabe des hebräischen Alphabets, der wie der griech. Buchstabe Omega (↗ Alpha) Hinweis auf die Vollendung ist: das eigentliche, das himml. Leben beginnt. Der griech. Buchstabe, in der Form des T geschrieben, war als Symbol für das Kreuz und den Kreuzestod bekannt. Wer dieses Zeichen des lebendigen Gottes (auf der Stirn) trägt, wird gerettet (Ez 9,4ff; Offb 7,3); so schon als Zeichen des Heiles auf Grabplatten in den Katakomben gemalt.

Taube: *1. Mit Heiligenschein* (in der Regel) Symbol für den Hl. Geist. Vielfältig dargestellt: Bei der Taufe Jesu als sichtbar gewordenes Liebeswort des Vaters über ihn (Mt 3,16; Mk 1,10); schon in Gen 1,2 „Der Geist Gottes schwebte über den Wassern"; beim Pfingstwunder (Apg 2,4) oder bei der Verkündigung an Maria; auch an Kanzeln über dem Prediger, der durch den Hl. Geist Wahrheit und Weisheit lehren soll. Bei Darstellungen der Dreifaltigkeit ist sie zwischen den Häuptern von Vater und Sohn. Noch in der Neuzeit wurde zu Pfingsten in manchen Kirchen die Taube an einem Seil vom Kirchengewölbe herabgelassen. – *2. Mit dem Ölzweig im Schnabel:* Symbol des Friedens und der Versöhnung, die Gott Noach nach der Sintflut gewährt (Gen 8,11). Bis heute Symbol auch für politischen Frieden, z.B. in Karikaturen und Zeitungen. Abgebildet auch im Wappen von Papst Pius XII., um den Namen Pacelli = pace = Frieden zu versinnbildlichen. – Bei den vier Kardinaltugenden symbolisiert die T. Mäßigkeit. – *3. Ein weißes Taubenpaar* ist ein populäres Liebessymbol. – *4.* Wie Gottes Geist, so stellt auch die *Brieftaube* Verbindungen zwischen Menschen her. Sie schwebt lautlos nieder (= wie Gottes Geist sich fast unauffällig auf Menschen niederlässt) und ist schwer in den Taubenschlag zu locken (= wie auch nur mit Geduld und Energie Gottes Geist unter den Menschen Platz ergreift).*

Taufbrunnen: Im frühen Christentum wurde an fließenden Gewässern, aber auch an Seen und am Meer durch ein Tauchbad (= Untertauchen) getauft. Die sog. Baptisterien wurden ab dem 4. Jh. als eigene, runde bis achteckige (↗ Acht) Gebäude an Kirchen angebaut. Ab dem 6. Jh. wurde nur noch durch Eintauchen oder Übergießen des Wassers über den Kopf getauft; dafür genügten kleinere, kelchförmige, oft verzierte Taufsteine (mit Fisch, trinkenden Hirschen, angelndem Fischer wie auch bibl. Motiven, z.B. dem Ausspucken des Jona aus dem Schlund des Wals; Johannes der Täufer, taufend; in protestantischen Kirchen mit dem Taufengel) und schließlich einfache Taufschalen.*

Taufe: Das Wort kommt vom mittelhochdeutschen toufen = tauchen, untertauchen. Das rituelle Waschen, Eintauchen oder Besprengen mit Wasser ist in allen Weltreligionen beheimatet. Im Christentum wird es zum einmaligen Akt, der die Zugehörigkeit zu Christus und seiner Kirche besiegelt und die Vergebung der Sünden bewirkt. Dieses „erste Sakrament" wird in allen christlichen Kirchen gegenseitig anerkannt, lediglich die Orthodoxen drängen auf das ursprüngliche totale dreimalige *Eintauchen* ins Wasser, das – in der Osternacht vollzogen – die Taufe als Symbol für das Sterben und Auferstehen in und mit Christus deutet (Röm 6,3f). Früher wurden vor der Taufe die alten Kleider abgelegt und nach dem Untertauchen zogen die Erwachsenen ein weißes Gewand (↗ Albe) an, das sie als „Kinder des Lichtes" auswies und das sie nach acht Tagen, am Weißen Sonntag, wieder ablegten. ↗ Brunnen, ↗ Quelle.

Taufkerze ↗ Kerze

Taufkleid ↗ Albe

Tausend, wie hundert eine Rundzahl. Vor dem endgültigen Weltgericht wird Satan für tausend Jahre gefesselt (Offb 20,2): In dieser Zeit wird Christus schon herrschen.

Taw ↗ Tau

Telefon, modernes Symbol für das Gebet = Gespräch mit Gott. Wie ich am T. mit einem unsichtbaren Partner spreche, so im Gebet mit dem unsichtbaren Gott. Gott ist – gebührenfrei – jederzeit anwählbar; allerdings muss ich als Antwort auf seine Liebe zuerst wählen, d.h. die Verbindung herstellen, um dann mit ihm zu sprechen, auf ihn zu hören und ihm zu antworten.*

Tempel, prächtiges Bauwerk zur Verehrung Gottes, innen oft in völligem Dunkel (1 Kön 8,12), weil Gott selbst der Schöpfer des Lichtes ist. Obwohl Salomo in Jerusalem einen herrlichen T. als Thronsitz für Jahwe baute, wusste er, dass selbst alle Himmel Gott nicht fassen können. Dieser T. wurde zur hl. Mitte der ganzen Menschheit (Zerstörung 70 n. Chr.). Jesus stand (nicht als Erster) kritisch zum Tempelkult und verglich den T. mit seinem Leib (Joh 2,19); eine Deutung, die Paulus auf jeden Menschen ausdehnt, in dem Gottes Geist wohnt (1 Kor 3,16). Im himml. Jerusalem wird es keinen T. mehr geben, denn dieser ist der Allherrscher selbst und mit ihm das ↗ Lamm (Offb 21,22).

Teppich: *1.* Symbol für das Leben der Menschen. Diesseits und Jenseits sind wie im T. miteinander verwoben, verflochten und verbunden. Im einen spiegelt sich das andere. Jeden Tag können wir neue Fäden hineinknüpfen, wenn auch das große Muster in Gottes Händen liegt.* – *2.* Bei einem handgeknüpften T. ist die Rückseite manchmal durch Fäden und Knoten verworren, auf der Vorderseite ergeben sie Sinn und bilden wunderschöne Muster. Noch ist uns der Blick auf die schöne Seite verwehrt.*

Terminblock: Statussymbol für die Wichtigkeit einer Person, aber auch deren Hetze. Wer nicht Raum lässt für die Selbstliebe, verliert seine Mitte.*

Teufel, griech. diabolos (= Durcheinanderbringer), symbolisiert die Personifizierung aller Kräfte, die Verwirrung, Durcheinander, Dunkelheit und Tod bringen. Hebräisch: Satan. Nach christl. Lehre jene ↗ Engel, die sich gegen Gott auflehnten, an ihrer Spitze ↗ Luzifer oder ↗ Leviathan, der das „erste“ Menschenpaar zur Sünde verführte und seither „Fürst der Welt“ ist. Christus ist sein Gegenspieler, der die Menschen durch seinen Tod am Kreuz der tyrannischen Herrschaft des T. entrissen und zu neuer Verantwortung befreit hat. Besonders ostkirchl. Osterdarstellungen zeigen den Sieger Jesus Christus, der das Tor der Hölle sprengt und Satan überwindet. Bis zum endgültigen Sieg heißt es, wach und auf der Hut zu bleiben, denn „der Widersacher geht wie ein brüllender Löwe umher und sucht, wen er verschlingen kann“ (1 Petr 5,8). – Besonders der Wüstenvater Antonius wird in vielen Versuchungen dargestellt.

Teufelssymbole: Bock, ↗ Flamme, ↗ Fledermaus, Kröte, Krokodil, ↗ Löwe, ↗ Drache, ↗ Schlange, nackter, dunkler Engel; der personifizierte Höllenrachen, der alles verschlingt: Hier werden Teufel und ↗ Tod eng miteinander verbunden.

Thermometer, Symbol für Hoffnung: Eine Temperatur unter Null ist kalt und frostig und bringt Eisglätte (= Verzweif-

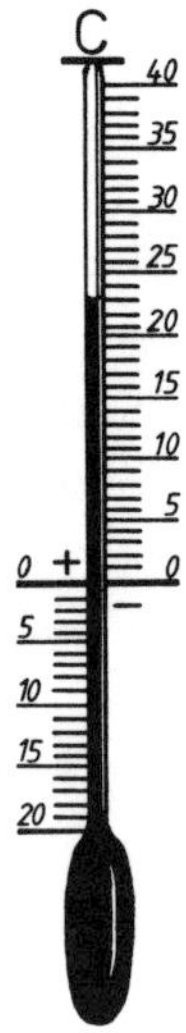

lung, Verbitterung, Resignation, Selbsttötungsabsichten); zu hohe Temperaturen, die Hitze und Schweiß verursachen, stören (= Überheblichkeit, Hochmut, Gott und die Menschen nicht nötig haben). Die goldene Mitte liegt zwischen „kalter“ Verzweiflung und „überhitztem“ Hochmut.*

Thermostat: Wie ein T. im Raum die Temperatur regelt, so nehmen Christen Einfluss auf die „Temperatur“ in Staat und Gesellschaft. Modernes Symbol für christlichen Einsatz.*

Thron, Symbol der Herrschaft, oft mit einem ↗ Baldachin versehen und durch Sockel erhöht. Im AT wurde er zum Symbol der richterlichen Gewalt Gottes. So verstand auch Salomo den prächtig errichteten Thron als Thron Jahwes (1 Kön 10,18). Die frühe Kirche übernahm die römische Kathedra, einen Sessel mit gewölbter Lehne – auch aus Marmor –, in den sich der Herrscher setzte, während alle anderen standen = Symbol für den „Stuhl Petri“, von dem aus der Papst „ex cathedra“, d.h. unfehlbar, die Glaubenswahrheiten verkündet (abgeleitet aus Mt 16,18f). – Das Symbol der Thronbesteigung eines Königs wird auf die Wiederkunft Christi gedeutet, der am Jüngsten Tag als Weltenrichter auftreten wird. Diesen Gedanken entfaltet in der kath. Kirche das Christkönigsfest am letzten Sonntag im Kirchenjahr. – Eine Kirche mit einer Kathedra, einem Bischofssitz, wird Kathedrale genannt.

Tiara, seit 1964 abgeschaffte ↗ Krone des Papstes aus drei übereinander liegenden Ringen, die seine oberste Herrschaft als Priester, Hirte und Lehrer versinnbildlichten.

Tisch, Symbol für Gemeinschaft und gemeinsamer Mahlzeit. ↗ Altar.

Tod, wird im hohen MA als Gerippe mit ↗ Sense und ↗ Stundenglas dargestellt; vorher wurden meist Auferstandene und nicht Tote ins Bild gebracht. Als Gerippe wird der Tod am häufigsten in den sog. Totentänzen dargestellt, die unter dem Eindruck der Pestepidemien entstanden: In ihnen werden als Ausdruck sozialer Gerechtigkeit unterschiedslos Arme und Reiche, Junge und Alte, Frauen und Männer dahingerafft.

Todesengel ↗ Engel

Todessymbolik: Totenkopf als Zeichen der Vergänglichkeit – oft auf Heiligendarstellungen, wie die des Hieronymus.

Totengebein, Totentanz; ↗ Leiter oder ↗ Treppe als Ausdruck des Aufstiegs ins Jenseits; ↗ Schiff oder Boot als Zeichen für die Todesfahrt der Seele; ↗ Sense, ↗ Pfeil und ↗ Bogen, ↗ Sanduhr, ↗ Spaten, Trauerweide ↗ Weide, ↗ Rad des Schicksals. – Christliche Symbolik: der Auferstandene, ↗ Schiff mit ↗ Kreuz, ↗ Anker, ↗ Lebensbaum, ↗ Taube mit Ölzweig (= ewiger Friede), ↗ Phönix, ↗ Schnecke, ↗ Kranz, ↗ Palmzweig, ↗ Schmetterling (auch nichtchristlich), brennende ↗ Lampe, Jünger beim himml. Hochzeitsmahl.

Tongeschirr, Symbol für den Menschen, den der Schöpfergott aus Erde geformt und über den er die Macht hat (Gen 1,26 u. 2,7; Röm 9,21). Und doch hat Gott in diese „zerbrechlichen Gefäße" den Schatz seiner Wahrheit gelegt (2 Kor 4,7). Am Ende der Tage wird der Weltenherrscher die Völker wie Töpfergeschirr zerschlagen (Offb 2,27), wie das bereits der Prophet Jeremia androhte (Jer 19,11).

Tonschale, Symbol für den Menschen: zerbrechlich und verletzlich, ↗ Tongeschirr. „Nach oben" offen und empfänglich; ebenso aber bereit, auszuteilen, was letztlich geschenkt ist. *

Tor ↗ Tür

Traghimmel ↗ Baldachin

Traube ↗ Weinberg, ↗ Weinstock

Trauerkleider ↗ Schwarz, ↗ Weiß

Trauerweide ↗ Weide

Traum, an den Schlaf gebundene Form (aber auch „Tagträume") der Erfahrung, die Zukunft vorauszusehen; manchmal aber auch mehrdeutig und eines Traumdeuters bedürftig – wie z.B. im AT Josef die Träume des Pharao deutete (Gen 41,25–27) oder im NT z.B. die beiden Träume Josefs in Verbindung mit der Geburt Jesu und seiner Flucht nach Ägypten, in denen ein Engel zu ihm sprach (vgl. Mt 1,20ff; 2,13ff). – Zu unterscheiden von ↗ Visionen, wie etwa die von der Jakobsleiter; aber Überschneidungen sind häufig.

Treppe, in der symbolischen Bedeutung im Wesentlichen deckungsgleich mit ↗ Leiter = die stufenweise Zunahme an Weisheit und Wissen in der seelischen und geistigen Entwicklung. Die T. kann aber auch Sinnbild sein für das Abwärtsführen in dunkle Bereiche, wie die Un-

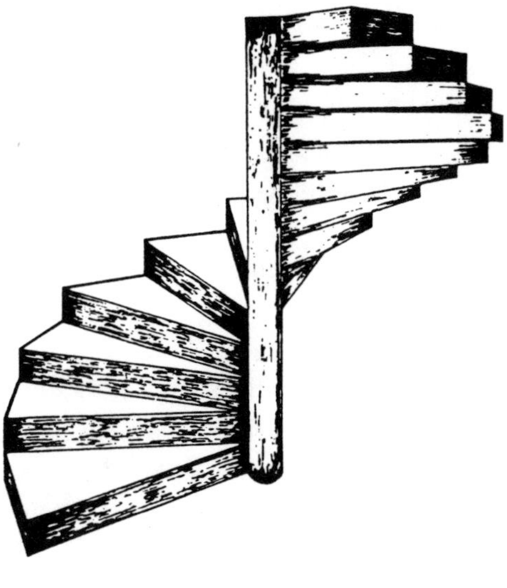

terwelt, geheimes Wissen oder das Unterbewusste. – Die *Wendeltreppe* als modernes Symbol entspricht weitgehend der ↗ Spirale.*

Trillerpfeife eines Schiedsrichters, modernes Symbol für das Spiel unseres Lebens: Es gibt kurze Pfiffe, die das Spiel unterbrechen (= Krankheit, Wiederholung einer Schulklasse, Arbeitslosigkeit ...), die als Tatsachenentscheide hingenommen werden müssen. Der Pfiff bei schlimmen Fouls (= Heimzahlen, Tätlichkeit, unfaires Verhalten) lässt Strafen folgen, die bis zur Herausstellung (= Bußgelder, Gerichtsverfahren, Gefängnis) führen können. Nach dem Abpfiff des „himmlischen Schiedsrichters" im Spiel des Lebens (= Tod) ist alles zu spät, wenn wir eine Halbzeit verbummelt oder eine Konterchance nicht genutzt haben.*

Triumphbogen, Symbol für Sieg und Triumph: Manchmal wird das Christusmonogramm mit einem Triumphbogen verziert. – Triumphbögen aus Grün, Blumen und Spruchbändern werden zum festlichen Empfang oder als fröhlicher Willkommensgruß bekannter Persönlichkeiten errichtet. ↗ Tür.

Trompete ↗ Posaune

Tropfstein, modernes Symbol für Geduld, denn die Säule wächst nur einen Millimeter im Jahr, indem sie aus jedem herabfallenden Tropfen etwas Kalk herauszieht. Tropfsteinsäulen bis vierzig Meter sind also Tausende Jahre alt.

Tuch: *weißes Tuch* = Erinnerung an das Leinentuch, mit dem Jesus den Jüngern die Füße abtrocknete (Joh 13,4f: Dienen gehört zur Nachfolge), oder an den Leibrock Jesu, um den vor der Kreuzigung die Soldaten würfelten (Joh 19,23) oder an die Leinenbinden (*Leichentuch)* Jesu (Joh 19,40), mit denen er ins Grab gelegt wurde und die beim Apostel Johannes den Glauben an den Auferstandenen auslösten, als er sie im Grab zusammengerollt sah (Joh 20,3–8).* – *Dunkles Tuch*: Symbol für Schmerz und Tod. – ↗ *Schweißtuch* der Veronika, mit dem sie – der Legende nach – Jesus Blut und Schweiß aus dem Gesicht wischte. Als *Taschentuch* modernes Symbol für Christen in der Nachfolge, die Tränen der Mitmenschen durch mitfühlende Worte, zärtliche Gesten und Begleitung zu trocknen.* Es kommt der Tag, an dem Jesus alle Tränen trocknen wird.

Tugendrose ↗ Rose

Tulpe, modernes Symbol für den Menschen: Verwurzelt in der Erde und geöffnet nach oben für das, was „der Himmel" schenken will. ↗ Kelch.

Tür, Tor, Pforte, beinhalten eine tiefsinnige und weitgehende Symbolik. Sie sind wie die ↗ Brücke Sinnbild des Übergangs von einem Bereich in einen anderen, z.B. vom Diesseits ins Jenseits. *Verschlossene Tür*: Verbot, Vergeblichkeit, verborgenes Geheimnis, Ausschluss. – *Geöffnete Tür:* Aufforderung zum Durchschreiten, Zutritt, geoffenbartes Geheimnis. – Jakob sagt nach dem Traum von der Himmelsleiter: Hier ist das Tor des Himmels (Gen 28,17). Die Kirchentür soll ebenfalls diese Himmelspforte versinnbildlichen. Zwölf Tore hat das himml. ↗ Jerusalem (= 12 Stämme Israels und die 12 Apostel), die den ganzen Tag offen stehen, durch die aber nichts Unreines darf (Offb 21,21–27). Die enge Himmelspforte (Lk 13,24) öffnet sich denen, die „Öl in den Krügen" haben und wach sind (Mt 25,1–12: den fünf klugen Jungfrauen); sie ist auch zu eng für die Reichen mit all ihrem Gepäck (Mk 10,25: Kamel/Nadelöhr). Petrus wurden die Doppelschlüssel in die Hand gegeben, um diese Pforte des Himmels zu öffnen (Mt 16,18). (Türhüter für den Himmel ist aber auch der Erzengel Michael und für die Hölle Luzifer.) So wird auch in Rom in der Petrusbasilika in Jubeljahren die hl. Pforte erst nach dreimaligem Anklopfen geöffnet; sinnbildlich für das wiedergeöffnete Paradies gemeint und für den Zutritt zu den Heilsgütern der Kirche. Jesus ist mit seinem Wort „Ich bin die Tür" (Joh 10,9) die eigentliche Tür. Auf mittelalterl. Türflügeln finden sich prächtige Christusdarstellungen; manchmal ist, gleich einer Triumphpforte, auch das Kreuz oder das Christusmonogramm von einem verzierten Torbogen umgeben. Auf Ikonen überwindet der auferstandene Christus die „Pforten der Hölle", deren eiserne Riegel regelrecht gesprengt sind. Eine Reihe von Adventsliedern verweisen auf die Tür: „Macht hoch die Tür, die Tor macht weit" (GL 107), „Reiß ab vom Himmel Tor und Tür" (GL 105). – Pfingsten ist das Fest der „offenen Türen", weil im Hl. Geist alle Angst überwunden wird. – In der Frohen Botschaft klopft Jesus an die Tür unseres Herzens (Offb 3,20).* – Maria = die Himmelspforte, die dem Sohn Gottes den Weg in die Welt öffnet. – Türen spielen oft eine Rolle, z.B. zum festlichen Empfang oder fröhlichen Willkommensgruß werden große Türen als Pforten aus Grün mit Blumen (und Spruchbändern) errichtet. Die ↗ Sternsinger gehen von Tür zu Tür und überbringen den Segen des neugeborenen Friedenskönigs. ↗ Schwelle.

Türkranz, modernes Symbol der Gastfreundschaft (= offene Tür) in der Advents- und Winterzeit an Haustüren, oft mit Symbolen der nahenden Weihnacht versehen: ↗ Schlüssel (= Türen zu Gott und Menschen aufschließen), ↗ Stern (= Licht fällt in die Finsternis), ↗ Nuss (= mögen die Schalen aufbrechen, damit der Kern erreichbar wird), mit Schleifen in Violett (= Zeit des Wartens) oder Rot (= die Liebe zählt).*

Turm: *1.* Symbol für Macht. Auf geistiger Ebene das Übersteigen des alltäglichen Niveaus; hier aber auch negativ: die Redewendung „im Elfenbeinturm“ ist Symbol für zu große Weltabgeschiedenheit im philosophischen Denken. – *2.* Der Turm von ↗ Babel (Gen 11,1–9) war die Nachbildung des Weltenberges, dessen sieben Stockwerke den Planetenhimmel spiegelten: Wer oben auf der Plattform ankam, hatte den weltlichen Bereich verlassen, erreichte den ↗ Himmel. Dieser T., der das Oben und Unten verband, war der verzweifelte Versuch, die im Sündenfall gebrochene Achse zwischen Himmel und Erde wiederherzustellen. Weil der Versuch als falscher Stolz gegen Gott galt, wurde der Turm von Babel zum Symbol des Hochmutes und der Maßlosigkeit (= der T., von dem ein Mensch kopfüber herabstürzt) – bis heute als Warnzeichen beliebt. – Die Zerstreuten werden aber erst durch Christus wieder vereint: im Sprachwunder des ersten Pfingstfestes (Apg 2,5–12) und bei der Versammlung der Völker im Himmel (Offb 7,9f). – *3.* T. als Symbol für Wachsamkeit. So stand ein T. in der Mitte des Weinbergs des Herrn (Jes 5,2; Mt 21,33) als Bild für die Weitsicht Gottes, der das Böse durchschaut und vereitelt. Später auf die Kirche übertragen als alles überragender T., der den Glauben durch die Wächter (= Apostel, Nachfolger und alle Christen) gegen alle Feinde verteidigt. – *4.* Kirchtürme gibt es erst seit dem 9. Jh., damit die Glocken den Schall möglichst weit ins Land tragen. Sie wirken wie Zeigefinger nach oben oder gelten als Symbol dafür, dass die Erde am Himmel haften möge. Sie künden: „Strebt nach dem, was im Himmel ist!“ (Kol 3,1). Sinnbild auch für Prediger, die an hl. Stätte vom Himmlischen reden. – *5.* Als fensterloser, verschlossener Raum auch Symbol für Jungfräulichkeit: Maria, du „elfenbeinerner Turm“; Maria auch als „starker Turm Davids“ (beides in der „Lauretanischen Litanei“, GL 769). – Attribut der hl. Barbara, die nach ihrer Taufe im T. ihres Gewahrsams ein drittes Fenster brechen ließ; von daher auch Symbol für die Dreifaltigkeit: *Drei* Fenster, *ein* Licht. – Manchmal symbolisiert ein T. die gesamte hl. Stadt Jerusalem. – Negativ: Wachttürme an Gefangenen- und Konzentrationslagern sowie Ländergrenzen.

Türschwelle ↗ Schwelle

U

Uhr: *1.* Symbol für Zeitmaß, Ordnung, Genauigkeit und Pünktlichkeit. Einst erhielten Heranwachsende zur Firmung oder Konfirmation eine Uhr, um damit anzuzeigen, dass jetzt die verspielten Jahre vorbei sind. Symbol der Vergänglichkeit (wie die ↗ Sanduhr). Sprichwort: „Seine Uhr ist abgelaufen"; nicht selten soll beim Tod eines Menschen die Wand- oder Standuhr stehen bleiben. Wenn der Künstler Salvador Dali eine Situation als zeitlos darstellen wollte, malte er schmelzende, also funktionsuntüchtige Uhren. – *2.* Das kleine Uhrwerk hinter dem oft großen Zifferblatt ist modernes Symbol für das Ineinandergreifen aller Rädchen = aller Dienste der Menschen in Kirche und Staat. Bliebe ein Rädchen stehen, z.B. streikte die Müllabfuhr oder schieden alle Ausländer aus dem Arbeitsleben aus, so stünde das Gemeinschaftsleben schnell still.

Ungesäuerte Brote ↗ Sauerteig

V

Veilchen, niedrigwachsende Frühlingsblume mit starkem Duft. Im MA Symbol für Demut und bescheiden auftretende Tugendhaftigkeit; damit zugleich auch Mariensymbol. – Wegen seiner violetten Farbe auch Symbol der Passion Christi.*

Vergissmeinnicht, aufgrund seiner blauen Farbe Symbol für Treue und Abschied.*

Vergrößerungsglas ↗ Lupe

Verkehrsschilder, Zeichen am Wege unserer irdischen Pilgerreise, die uns Hinweise für das richtige Verhalten auf den Straßen des Lebens geben. Von der „Geschwindigkeitsbegrenzung" über „Vorfahrt achten", vom „Überholverbot" über „Umleitung", vom „Stop-Schild" bis zur „Sackgasse", vom „Parkplatz" bis zur „freien Fahrt": immer sagen sie Wesentliches in Richtung Gottes- und Nächstenliebe aus. *

Vier: Nüchterne Ordnungszahl, weil sie Unübersichtliches einteilt: Vier Abschnitte des Tages, vier Jahreszeiten, vier Lebensalter, vier Himmelsrichtungen, „vier Elemente", vier Temperamente, vier gleiche Seiten des Quadrats. Zahl des Materiellen, des Irdischen, wobei die Erde häufig als Quadrat dargestellt war. – Die von Gott erschaffene Welt (= Paradies) wird von vier Flüssen durchzogen (Gen 2,10) und um den Thron Gottes sind vier Lebewesen (Offb 4,6). – Vier Evangelisten trugen die Gute Nachricht in die Welt; vier Kardinaltugenden.

Vierzehn, Zahl der Verdoppelung der „heiligen ↗ Sieben": (Meist) 14 Kreuzwegstationen. Zahl der Güte und Barmherzigkeit: daher Zahl der 14 Nothelfer und des Schutzes (= Gebet von 14 Schutzengeln).

Vierzig, gilt in der Bibel als heilige Zahl: Zeit der Buße und der Strafe (= 40 Jahre zieht das Volk Israel durch die Wüste; 40 Tage tut Ninive Buße); Zeit des Fastens und Betens (= 40 Tage ist Jesus in der Wüste; 40 Tage währt die Fastenzeit, früher auch die Adventszeit; 40 Tage nach seiner Auferstehung erschien Jesus den Jüngern = Himmelfahrt).

Violett, Farbe, die zu gleichen Teilen aus Rot und Blau gemischt ist; Farbe der Buße und Sühne, der Besinnung und des rechten Maßes. Liturgische Farbe zur Advents- und Fastenzeit, zur Buße und Beichte, Bußfeier und Bittprozession.

Violine, Musikinstrument, das von sich sagen könnte: „Als ich noch im Holz der Wälder lebte, habe ich geschwiegen. Jetzt, da ich gestorben bin, singe ich."

Modernes Symbol für die Leidensbereitschaft („Späne müssen fallen"), in der manches stirbt, was neues Leben ermöglicht.

Vision, inneres Gesicht oder extrem verfeinertes Einfühlungsvermögen: Fähigkeit, die Zukunft vorauszuschauen. ↗ Traum.

Vorhang, Symbol für Verhüllung und Geheimnisse, wie ↗ Schleier. Ein V. teilte im hl. Zelt der Israeliten das Heiligtum vom Allerheiligsten, der ↗ Bundeslade (Ex 26,33). Der V. im Tempel zu Jerusalem zerriss beim Tode Jesu von oben bis unten (Mt 27,51). Symbol dafür, dass mit Jesu Tod und Auferstehung die Macht des Todes gebrochen war, aber auch ein Zeichen, das Jesus als Messias bestätigte.

Votivbilder: Seit dem ausgehenden MA an Innen- und Außenwänden vieler Wallfahrtskirchen und -kapellen zu sehen. Der Ausdruck kommt vom Lateinischen „ex voto" = aus einem Versprechen oder Gelübde heraus gegeben. Symbol für die Dankbarkeit geheilter Menschen, die die Erhörung ihres Gebetes an Leib oder Seele zu spüren bekamen.

Vulkan: Wie ein V. mit kochender Lava, giftigen Gasen und heißer Asche Leben zerstört, so steht er als modernes Symbol für Menschen, die Gift und Gemeinheit, Bosheit und Lüge in die Welt schleudern. *Positiv:* Lava ist fruchtbarer Boden. Symbolisch gedeutet: Jesus ist in Leid und Tod in den Vulkan der Schuld und Vernichtung hinabgestiegen, um das Böse von innen her auszuräumen.*

W

Waage, Symbol der Klugheit, der Gerechtigkeit und des Richtens. Sie symbolisiert auch das Letzte Gericht, in dem der Erzengel Michael nach christl. Tradition das Gute und Böse jedes Menschen abwägen soll. Diese Vorstellung macht aber zu wenig deutlich, dass die Annahme des Menschen durch Gott nicht Verdienst, sondern letztlich Geschenk ist.*

Wagenrad, altes ↗ Rad

Wal, gelegentlich Symbol des abgründigen, vieldeutigen Dunkels. Als Hinweis auf Christi Tod und Auferstehung wird die bibl. Geschichte vom Propheten Jona gedeutet: Von ihm berichtet die Bibel, dass er von einem großen Fisch (meist als W. dargestellt) verschluckt und vor Ninive, der Stadt seines Auftrages, ausgespuckt worden sei (Mt 12,40).

Wald, modernes Symbol für die Geschenke der Natur; er legt sich wohltuend grün über Berge und Hügel, sichert steile Hänge, speichert den Segen der Wolken, regelt die Wasserversorgung, wehrt den Winden, schirmt vor versengender Glut und verweigert schneidender Kälte den unbeschränkten Zugriff; er schenkt dem Wanderer klaren Kopf, eine ruhige Seele, ein ausgewogenes Herz, neue Energie und lässt ihn in der ungeheuren Vielfalt Gottes Handschrift erkennen: Alles strebt nach dem Licht.*

Walnuss ↗ Nuss

Wanderstab, modernes Symbol für das Unterwegssein des Menschen – eigentlich als Pilger (GL 656: Wir sind nur Gast auf Erden). Es kommt dabei nicht darauf an, welchen Personen und Orten er begegnet, sondern *wie* er ihnen begegnet: Dabei ist der wichtigste Tag immer der *heutige*, die wichtigste Person immer diejenige, der ich *jetzt* begegne und die wichtigste Tat ist immer die der Liebe.* ↗ Stab.

Wäsche- oder Notizklammer, modernes Symbol für die Spannkraft, die zwei oder viele lose Teile zusammenhalten kann. Ob Eheleute oder Familienmitglieder, ob der gute Geist einer Gruppe oder der Siegeswille einer Mannschaft, ob die „Gemeinschaft der Heiligen" oder deren sichtbaren Teil in den TeilnehmerInnen eines Gottesdienstes, immer kann diese Klammer mit Glaube, Hoffnung und Liebe im weitesten Sinne umschrieben werden; im Gottesdienst ist es Christus selbst, der die Gemeinde zusammenhält.*

Wasser: Ohne Wasser kein Leben, darum Symbol für das Leben schlechthin. Auch der Mensch kommt aus dem Wasser, zuletzt aus dem Fruchtwasser. Das Leben des Menschen ist vergleichbar mit einem Gebirgsbach, der zu fließen anfängt, immer größer wird, mancherlei Hindernisse zu überwinden hat, fähig wird, Lasten zu tragen, Verunreinigungen aufzulösen, Leben zu schenken, „Nebenflüsse" aufzunehmen, bis er

schließlich im großen Meer (Gottes) aufgeht. ➚ Taufe, ➚ Brunnen, ➚ Quelle.
Wie alles Leben Wasser enthält, so ist Gott in allem, was lebt.

Webrahmen, fügt senkrecht gespannte Fäden mit waagerecht eingewebten zu einem Gewebe zusammen. Modernes Symbol für die beiden Richtungen, in die wir die Fäden unseres Lebens so spannen, dass sie ein wärmendes Tuch ergeben: Die Längsfäden (= Vertrauen auf Gott) und die Querfäden (= Nächstenliebe) = Hauptgebot (Mt 22,34–40).*

Wecker, modernes Symbol für den Ruf Gottes, endlich vom Schlafe der Bequemlichkeit, der Gleichgültigkeit oder der Verirrung aufzustehen (Röm 13,11; Mt 24,44). Der große Er-wecker ist Christus selbst, der die Menschen aus dem letzten Tiefschlaf, dem Tod, herausholt.*

Weckmann oder Printenmann: Darstellung des hl. Martin als süßes Backwerk; die heutzutage eingebackene Tonpfeife ist dabei wahrscheinlich ein missverstandener Bischofsstab.

Weg, in allen Weltreligionen Symbol für den Lebensweg des Menschen, den letztlich Gott in der Hand hat (Dan 5,23): Jede Wallfahrt möchte daran erinnern, dass unser Leben nur ein Pilgerweg zum eigentlichen Leben, zum „Himmel" ist, zum Zustand des ewigen Glücks. Oft steht die Entscheidung an, den engen W. zum erfüllteren Leben zu wählen oder den breiten zum langsamen inneren Absterben (Mt 7,13f). Jesus sagte von sich: Ich bin *der* Weg (Joh 14,6). Sein Leidensweg wird manchmal in sieben Fußfällen und in jeder katholischen Kirche mit den (meist 14) Kreuzwegstationen dargestellt. Christl. ➚ Bilderstöcke oder Marterl sowie Weg- und Hagelkreuze beschwören den Himmel um Wohlergehen auf allen Wegen. Zahlreiche Prozessionen im Jahr (= am Palmsonntag, Sakramentsprozession an Fronleichnam und Bittprozessionen verschiedenster Art) erinnern daran, dass wir nur „Gast auf Erden" sind (GL 656) oder Pilger auf dem Weg ins eigentliche Leben (als Gottesvolk).

Wegerich, Spitz- oder Breitwegerich, von ungeheurer Lebenskraft, der Autoreifen, Radlern und Schuhen widersteht; Heilpflanze, die bes. als Tee die Atemwege befreit und gegen Husten, Bronchitis und Asthma wirkt. Modernes Symbol für die unscheinbaren Wunder am Wege und die Kraft der Natur.*

Wegweiser, modernes Symbol für die richtige Richtung, die der Mensch auf seiner irdischen Pilgerreise einschlägt, damit er nicht in eine Sackgasse gerät, sondern zum Ziel gelangt.* Ein W., der auf der einen Seite die Aufschrift „Vertraue auf Gott" trägt, und auf der anderen „Liebe deinen Nächsten wie dich selbst" (das Hauptgebot: Mt 22,34–40), weist den sicheren Weg zu Gott.

Weide, Symbol der Trauer, weil ihre erdwärts geneigten Äste und Blätter an rinnende Tränenströme erinnern: „Trauerweide".

Weihnachtsbaum ↗ Christbaum, ↗ Tanne

Weihnachtspyramide, Art pyramidenförmige Krippe, bei der sich nach dem Entzünden von Kerzen durch die aufsteigende warme Luft Holzflügel der „Pyramide" in Bewegung setzen, d.h. Maria und Josef, Hirten, Weise und Engel drehen sich um die feststehende Mitte mit dem Jesuskind in der Krippe. Modernes Symbol dafür, dass Jesus der Dreh- und Angelpunkt unseres christlichen Lebens ist und nicht das selbstmörderische Karussell des Konsums.*

Weihrauch, Wolken von hochsteigendem Duft, erzeugt durch das Verbrennen eines Harzes von speziellen Bäumen (= Weihrauchkörner) auf heißer Kohle. W. will nicht nur Heiliges hervorheben, sondern ist heilsam gegen depressive Stimmung, desinfiziert und hilft gegen mancherlei Krankheiten, wie Rheuma und Arthritis. *1.* Symbol der Verehrung und Anbetung Gottes; der Wohlgeruch soll den „Todesgestank Satans" vertreiben. W. wird bes. häufig in orthodoxen Kirchen gebraucht: Der Duft richtet die Sinne auf Göttliches aus. Einen ähnlichen Zweck haben die Räucherstäbchen fernöstlicher Religionen. Die Weisen aus dem Morgenland hoben mit Weihrauch als Geschenk die Göttlichkeit Jesu hervor (Mt 2,11). Im frühen Christentum wurde W. bis ins 4. Jh. abgelehnt, weil er in heidnischen Kulten eine große Rolle spielte und als Nagelprobe (= Weihrauch vor dem Bild des Kaisers opfern) in den Jahrhunderten der Verfolgung den Tod brachte. *2.* Symbol für das zu Gott aufsteigende Gebet (Ps 141,2; Offb 5,8; 8,3). *3.* Im feierlichen Gottesdienst der kath. Kirche wird mit W. alles hervorgehoben, was Christus darstellt: Altar, Kreuz, Evangelienbuch, verwandelte Gaben von Brot und Wein, Osterkerze, Priester, Gläubige („Wo zwei oder drei in meinem Namen versammelt sind, da bin ich mitten unter ihnen", Mt 18,20). *4.* Die Christen sollen Christi Wohlgeruch sein (2 Kor 2,14ff). *5.* Symbol für den Menschen selbst, der seine Lebenskraft hingibt und dabei seinen inneren Reichtum verströmt zur Verherrlichung Gottes und Freude der Menschen. – Fünf „Weihrauchkörner", in die Osterkerze eingefügt, versinnbildlichen die fünf Wunden Christi. Bei einer Altarweihe spielt das Verbrennen von W. eine große Rolle, auch in sog. Andachten beim Hervorheben der Monstranz oder bei Fronleichnamsprozessionen*, auch bei Beerdigungen.

Weihwasser: In der Osternacht geweihtes Wasser; Wasser kann auch jederzeit gesegnet werden, um damit Menschen („Asperges“ = Besprengung mit W. als Reinigungsritus und zur Erinnerung an die Taufe) und Gegenstände zu segnen; Einsatz bei Taufe und Beerdigung.* ↗ Weihwasserkessel, ↗ Osterwasser.

Weihwasserkessel, unterschiedlich große Behälter, gefüllt mit Weihwasser, mit dem Gläubige das Kreuz über sich zeichnen. Symbol der Zugehörigkeit zu Christus, die mit dem Wasser der Taufe begann. W. sind an den Eingängen kath. Kirchen angebracht; an Gräbern, um die Verstorbenen zu segnen; früher häufig neben Schlafzimmertüren, um sich morgens mit Weihwasser zu bezeichnen und sich daran zu erinnern, aus welcher Quelle das Tagewerk gespeist werden kann; abends gedacht zum Segnen, um auch der Seele „ein Bett“ für die Nacht zu geben.* ↗ Weihwasser.

Wein, Symbol der Freude und der Fülle. Die Verwandlung des Wassers in Wein als erstes Wunder Christi ist Hinweis auf die anbrechende Segensfülle des Gottesreiches (Joh 2,3–10). Weil W. der „Lebenssaft“ des Weinstocks ist, gilt er auch außerhalb des Christentums manchmal als Symbol des Blutes. In der eucharistischen Verwandlung erhält der Wein seine tiefste Bedeutung: Er wird Blut Christi; seine wirkliche Gegenwart ist Realsymbol. – Wie die Traube der ↗ Kelter entgegenreift, so gab Christus sein Blut für die Menschheit. ↗ Kelch. – Mit Brot zusammen wird W. in der Eucharistiefeier „Heilmittel zur Unsterblichkeit“.

Weinberg, Weinstock, Traube: Ein behüteter Weinberg und auch Weinstock sind Sinnbild für das auserwählte Volk Gottes, das später auf die Kirche übertragen wird („im Weinberg des Herrn arbeiten“). Weinstock auch Symbol für Wohlergehen und Reichtum. Jesus wird zum wahren Weinstock, sein Vater ist der Weingärtner (Joh 15,1). Durch die Taufe wird jeder Christ Teil dieses Weinstockes und kann jetzt als fruchttragender Rebzweig wachsen, wenn er die Verbindung hält. Die riesige Traube (eine Weintraube kann bis 50 cm groß werden), die die Kundschafter am Tragstock aus dem Ge-

lobten Land mitbringen (Num 13,23f), wird zum Symbol des Erlösers am Kreuz, der mit seinem vergossenen Blut den Kelch der Kirche füllt. – Den „ersten Tod“ stirbt die Weintraube, wenn sie ausgepresst wird und ihr Saft mit dem vieler anderer im Traubensaft aufgeht. Den „zweiten Tod“ erleidet sie im Gärungs- und Reifeprozess, wenn sie im Wein untergeht bzw. aufersteht; darum ein treffendes Symbol für Tod und Auferstehung. – Weinernte: Hinweis auf das Endgericht. – Die Traube, nach der der kleine Jesus auf Mariendarstellungen greift, weist auf das Abendmahl.* ↗ Lebensbaum, ↗ Kreuzsymbolik.

Weinstock ↗ Weinberg

Weiß, Farbe des ungebrochenen Lichtes (= Wahrheit), der Reinheit (Farbe auch bei Maria) und der himml. Herrlichkeit, die also dem Absoluten nahe steht; damit auch nahe dem Anfang wie dem Ende sowie deren Vereinigung. Daher weiße Kleidung bei Geburt, Hochzeit und in verschiedenen Ländern auch beim Tod. In der Liturgie sind weiße Paramente für alle Feste vorgeschrieben, die sich auf Gott und Christus beziehen (außer bei seiner Passion) sowie auf Engel, Bekenner, Jungfrauen, bei Marienfesten (s.o.) und zu Allerheiligen usw. Weiße ↗ Kleider zogen auch Neugetaufte an; auch alle, die ins himml. Jerusalem eintreten möchten, tragen weiße Kleider („gewaschen im Blute des Lammes“, Offb 7,13f). Als Symbol ewiger Herrlichkeit („seine Kleider wurden weiß wie Schnee“, Mt 17,2) trägt der Papst einen weißseidenen Talar als Friedensfürst. – Eine weiße Flagge zeigt die Bitte um Frieden an.

Weizen, Weizenkorn: Das Unkraut im Weizenfeld (Mt 13,3ff) ist Symbol für Gottes Geduld bis zur endgültigen Scheidung der Guten und der Bösen im Endgericht. – Das Weizenkorn ist Symbol für den in die Unterwelt hinabgestiegenen und wiederauferstandenen Christus.* – Als eucharistisches Zeichen werden auf Altargeräten und auch Tabernakeln Ähren (und Trauben ↗ Weinberg) abgebildet. ↗ Ähre.

Welle: In allen Religionen Ursymbol unendlicher Erneuerung, weil sie nie verharrt, sondern im Werden schon den Keim des Vergehens in sich trägt. Sie zeigt an, dass es keinen Tod gibt, sondern aus dem Vergehen immer erneut Leben geboren wird: Sie taucht zurück in den Grund, aus dem sie hervorgegangen ist. Vor allem ein Symbol für den Glauben an eine Wiedergeburt.

Wendeltreppe ↗ Treppe

Wetterhahn ↗ Hahn

Widder, stirbt stellvertretend für Isaak, als Abraham seinen Sohn Gott als Brandopfer darbringen will (Gen 22,13), wie auch das Paschalamm (↗ Lamm) stellvertretend starb, um die Häuser der Israeliten zu verschonen (Ex 12,1–14) = Vorausbild für den Opfertod Christi.

Wind, Sturm, Hauch und Atem, jeweils Symbol für göttlichen Geist: Gott blies Adam den Lebensatem in die Nase (Gen 2,7); er kommt im Sturmwind (Ez 1,4 und an Pfingsten Apg 2,2ff) wie auch im leisen Säuseln (1 Kön 19,12). Jesus hauchte seinen Jüngern den Hl. Geist ein

(Joh 20,22). Dieser (Geist-)Wind weht, wo er will (Joh 3,8). ↗ Luft.

Windel, Erkennungszeichen für den menschgewordenen Gottessohn (Lk 2, 12), der als Erretter und König in der harten Krippe als erste Kreuzwegstation andeutet, dass er schreiend in der Folter enden wird. Gottes Sohn nicht unendlich fern, sondern in diesem Kind als Mensch und Bruder an unserer Seite.*

Windmühle, modernes Symbol für Menschen, die ihre „Flügel" in den Wind Gottes (Hl. Geist) halten, um neue Energie aus der Luft (= Atem Gottes) zu erhalten. Beliebtes Symbol bei Firmlingen, deren Konterfeis oder Namen auf den Flügeln zu sehen sind.

Windrad, modernes Symbol für den Menschen, der sich auf den Wind = Gottes Geist einlässt. Wie das W. sich nur dreht, wenn es in den Wind gehalten wird, so bietet der Mensch Gottes Geist nur dann „Angriffsflächen", wenn er sich ihm stellt.

Windvogel, modernes Symbol für den Menschen, der sich von Gott tragen lässt: Zunächst braucht der W. Gegenwind, um an Höhe zu gewinnen. Das Papier ist verstärkt durch einen Längsstab (= Gottesliebe) und einen Querstab (= Nächstenliebe), um im heftigen Wind (des Lebens) stabil zu bleiben. Ballast muss am Schwanz des W. hängen, damit er nicht hin und her jagt. Deutung: gewisse Herausforderungen und Belastungen stärken; dann kann der Mensch die

Erfahrung machen: Der Wind (= Gottes Geist) trägt mich – sogar über Abgründe.*

Wolf, Symbol für die Mächte, die den Glauben bedrohen und die Lämmer/Schafe (= Gläubigen) reißen (Joh 10,12; Apg 20,29). Die Verkünder der Frohen Botschaft sind wie Schafe unter die Wölfe gesandt (Mt 10,16). – Der W. ist Attribut des hl. Franziskus (Wolf von Gubbio). – W. im Schafspelz: geheuchelte Harmlosigkeit.

Wolke, Symbol für Gottes Gegenwart: Jahwe zog den Israeliten in einer Wolkensäule voran (Ex 13,21); die Herrlichkeit des Herrn erfüllte wie eine W. den von Salomo erbauten Tempel (1 Kön 8,10f); bei der Verklärung Christi spricht eine Stimme aus einer W. (Mt 17,5); bei der Himmelfahrt entzog eine W. Jesus den Blicken der Jünger (Apg 1,9); Jesus wird *auf* den Wolken (sichtbar) wiederkommen (Mk 13,26). – In der Kunst wird oft eine die Wolke durchdringende Hand zum Symbol für Gottvater, zu dem Christus heimkehrt.

Würfel, Symbol für Schicksal, Zufall; Redewendung „die Würfel sind gefallen“. Die sechs Gebete auf den Seiten eines modernen *Gebetswürfels* sollen vermeiden helfen, dass der Wortlaut des immer gleichen Gebets mit der Zeit gedankenlos dahergeredet wird. Symbolisch meint dieser W. für das „Spiel des Lebens“: In allem, was mir zugewürfelt wird, kann ich mich Gottes Führung anvertrauen („dein Wille geschehe“) und seinen Schutz erbitten.*

Wurzel Jesse ↗ Reis / Zweig

Wüste, doppelgesichtiges Symbol: Einerseits Ort der Verlassenheit, der Gottesferne und der Versuchungen wie beim hl. Antonius. Die W. härtet die Menschen nicht nur ab, sondern macht sie auf die Dauer auch hart. Andererseits Ort der Meditation und Gottesnähe, in die Jesus, Mose und andere sich zurückzogen und auch heute noch zurückziehen, um sich auf etwas Wichtiges vorzubereiten und einen klaren Blick für das öffentliche Auftreten zu gewinnen. *Wüstentag* = ein Tag, an dem man sich zur Besinnung zurückzieht.

Y

Yucca-Palme, modernes Symbol für die Geduld mit sich und anderen: Ein Stück Stamm dieser Pflanze wird in die Erde gesetzt; es schlägt nach langer Zeit aus und wird dann zur schönen Zierpflanze. Deutung: Mancher „Spätzünder“ und „hoffnungsloser Fall“ hat es im Leben noch zu etwas gebracht, was seine Eltern und LehrerInnen erstaunen ließ. In der Bibel erbittet der Weingärtner noch Zeit für den Feigenbaum (Lk 13,8); aus dem ↗ Reis der Wurzel Jesse wuchs ein Baum, der Jesus hervorbrachte (Jes 11,1.10).*

Z

Zahlen (Symbolzahlen): ↗ Null, ↗ Eins, ↗ Zwei, ↗ Drei, ↗ Vier, ↗ Fünf, ↗ Sechs, ↗ Sieben, ↗ Acht, ↗ Zehn, ↗ Elf, ↗ Zwölf, ↗ Dreizehn, ↗ Vierzehn, ↗ Siebzehn, ↗ Dreiunddreißig, ↗ Vierzig, ↗ Siebzig, ↗ Hundertdreiundfünfzig, ↗ Tausend, Hundertvierundvierzigtausend, ↗ Siegel oder Zwölf.

Zange, ↗ Leidenswerkzeug, mit dem die Nägel aus Jesu Händen und Füßen herausgezogen wurden; Attribut bei Josef v. Arimathäa und Nikodemus.

Zehn, eine heilige, „runde" Zahl, Grundlage des Dezimalsystems und wohl auf die Anzahl der Finger an beiden Händen zurückzuführen; Zahl eines abgeschlossenen Ganzen, der Ordnung und Vollendung: Zehn Gebote, zehn ägyptische Plagen, zehn Jungfrauen. – Das Andreaskreuz (↗ Kreuz): eine römische Zehn.

Zelt: Das heilige Zelt, das die Israeliten bei ihrem Durchzug durch die Wüste mit sich führten, war Sinnbild und Schatten des Himmelszeltes. Wenn der neue Himmel und die neue Erde errichtet sind, wird „das Zelt Gottes" wieder unter den Menschen sein; er wird bei den Menschen wohnen (Offb 21,3). – Modernes Symbol für die Pilgerschaft des Menschen: *1.* Ein Zelt schützt vor Regen, Wind und Dunkelheit; hier fühlen wir uns geborgen – wie das Zelt Gottes ↗ Bundeslade und „Kirche" unter den Menschen Zufluchtsort sein will, an dem sie zu sich selbst kommen und die Sorgen loslassen können. – *2.* Ein Zelt ist schnell abzubrechen und wieder aufzubauen; Deutung: „Wir sind nur Gast auf Erden" (GL 656) und dürfen den Blick auf die eigentlichen Wohnungen Gottes (Joh 14,2) nicht aus den Augen verlieren.* – Ein „Zelt abbrechen" ist in der bibl. Sprache und bis heute Ausdruck für den Tod (2 Petr 1,14).

Zepter, Herrscherstab, Symbol für höchste Macht und Würde. Es entwickelte sich aus dem ↗ Stab. Bis zum 6. Jh. zeigten die Darstellungen Christus als den Guten Hirten mit einem Krummstab, danach häufig mit einem Kreuzeszepter. Alle abgefallenen Völker wird er mit eisernem Zepter am Ende der Tage regieren (Offb 2,27). – Maria wird als Himmelskönigin auch häufig mit einem Zepter dargestellt. – Das Narrenzepter herrscht im Karneval nur so lange, wie die „Elf" regiert, die „sündige Zahl", die die hl. Zehn Gebote, das Gottesgesetz, übertritt. Die Herrschaft Gottes beginnt wieder mit der Zahl Zwölf: Wer dann nicht aus dem sündigen Babylon in die himml. Stadt Jerusalem gefunden hat, geht verloren.

Zeugnis, modernes Symbol der Leistungsgesellschaft. Deutung: Das Wettrennen des Lebens geht nicht ohne Leistungsnachweis, aber am Ende des Lebens zählt nur die Erfüllung der beiden „Fächer“ auf dem „Zeugnis“, das Gott uns reichen wird; darum das Zeugnis halb durchreißen. Diese Fächer auf dem Lebenszeugnis heißen: Hast du Gott vertraut und den Nächsten neben dir geliebt – wie dich selbst? (= Hauptgebot).

Ziegelstein, Symbol für den „lebendigen Stein“ (= Christ) im geistigen Haus einer Gemeinschaft (1 Petr 2,5), wie z.B. der Kirche. Der Z. braucht eine gewisse Formung (Ausbildung) und Abhärtung (= gefestigt im Feuer des Leids oder der Prüfungen), um in einen Bau zu passen. Fehlt ihm ein Stück (= „eine Ecke abhaben“), lässt sich das durch den Mörtel (= Liebe) beim Bauen ausgleichen. Jeder ist wichtig, ob oben oder unten eingesetzt, um eine bestimmte Stelle auszufüllen, weil sonst hässliche Lücken entstehen: Feuchtigkeit, Kälte, Ungeziefer dringen ein. Alle Z. schließen sich dem „Eck- oder Grundstein“ Jesus Christus an, der zunächst von den Bauleuten verworfen wurde.*

Zirkus, modernes Symbol für das Leben des Menschen: Er darf bei den Balance-Akten auf dem Drahtseil des Lebens nicht abstürzen; braucht bei den Saltos wie der Trapezkünstler in der Zirkuskuppel gute Partner, die ihn auffangen und nicht ins Bodenlose fallen lassen; benötigt die innere Balance eines Jongleurs, wenn ihm die Bälle zugeworfen werden; könnte wie ein Clown die Menschen zum Lachen bringen durch eine ansteckende Fröhlichkeit; muss als Dompteur in der kleinen Arena seiner Zuständigkeit manche wilden Tiere im Zaum halten – bis der große „Zirkusdirektor“ (= Gott) ihn von der Bühne bzw. aus der Arena holt.*

Zündholz, modernes Symbol für den Menschen, den Auftrag Christi zu erfüllen, Licht für die Welt zu sein: Die Reibfläche muss brauchbar sein (= Bereitschaft und Eignung); er muss „Feuer und Flamme“ für Christus sein, um sich von ihm anstecken zu lassen und dann ganz nahe an andere herangehen und warten, bis der „Funke“ überspringt; deshalb häufig Symbol bei der Firmung.*

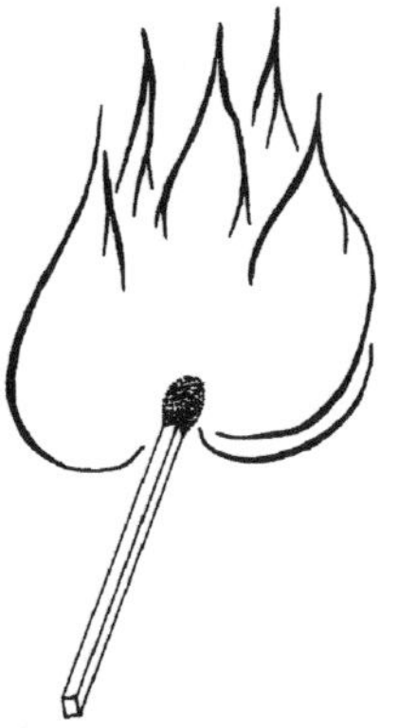

Zwei, mütterlich-weibliche Zahl, der Erde zugeordnet. Zahl der Verdoppelung, der Trennung und Zwietracht, des Gegensatzes und des Konfliktes, aber auch des Gleichgewichtes. Die Bibel kennt zwei Testamente und zwei Gesetzestafeln, auf denen die Zehn Gebote standen; also auch günstig stimmende Tatsachen.

Zweig ↗ Palme, ↗ Barbarazweig, ↗ Reis

Zwölf, bei allen Völkern bes. geschätzte Glück bringende Zahl (zwölf Monate, je zwölf Stunden des Tages und der Nacht). In der Bibel Symbol der Vollkommenheit und Vollständigkeit: Zwölf Söhne hatte Jakob, von daher zwölf Stämme Israels; zwölf Apostel (durch die Wahl des Matthias wurde die Lücke durch Judas wieder ergänzt), zwölf Grundsteine und zwölf Tore des himml. Jerusalems. Die Frau in der Apokalypse trägt eine Krone mit zwölf Sternen. Die Zahl der Auserwählten aus jedem Stamm beträgt 12 000: macht 12 × 12 000 = 144 000, die Gesamtzahl aller Heiligen als abgerundete Symbolzahl.

Verwendete Literatur

Bauer, Wolfgang/Dümotz, Irmtraud/Golowin, Sergius: Lexikon der Symbole, Heyne Sachbuch, München [9]1992
Becker Gerhold: Die Ursymbole in den Religionen, Styria Verlag, Graz 1987
Becker, Udo: Lexikon der Symbole, Verlag Herder, Freiburg 1992
Betz, Otto: Elementare Symbole, Zur tieferen Wahrnehmung des Lebens, Verlag Herder, Freiburg [2]1988
Forstner, Dorothea: Die Welt der Symbole, Tyrolia Verlag, Innsbruck 1961
Glaser, Theodor: Im Lauf der Welt, Sinn-Bilder zum Leben, Rosenheimer Verlagshaus, Rosenheim 1985
ders.: Vom Himmel auf Erden, Fromme Bilder für das Leben, Rosenheimer Verlagshaus, Rosenheim 1987
Guardini, Romano: Von heiligen Zeichen, Matthias-Grünewald-Verlag, Mainz, 3. TB-Auflage 1998
Heinz-Mohr, Gerd: Lexikon der Symbole, Eugen Diederichs Verlag, München [8]1984
Henrichs, Norbert: Kult und Brauchtum im Kirchenjahr, Patmos Verlag, Düsseldorf 1967
Herder Lexikon Symbole, Verlag Herder, Freiburg [9]1988
Hoffsümmer, Willi: Siehe im Stichwortverzeichnis die „Kurztitel" auf Seite 137
Jorissen, Ingrid/Meyer, Hans Bernhard: Zeichen und Symbole im Gottesdienst, Sichtbare Zeichen unsichtbarer Wirklichkeiten, Tyrolia Verlag, Innsbruck 1977
Kapellari, Egon: Heilige Zeichen, Styria Verlag, Graz 1987
Kirchgässner, Alfons: Welt als Symbol, Echter Verlag, Würzburg [9]1968
Kirchhoff, Hermann: Urbilder des Glaubens: Haus, Garten, Labyrinth, Höhle, Kösel Verlag, München 1988
ders.: Christliches Brauchtum, Von Advent bis Ostern, Kösel Verlag, München [2]1985
ders.: Christi Himmelfahrt bis St. Martin im christlichen Brauchtum, Kösel Verlag, München 1986
ders., (Hg.): Ursymbole und ihre Bedeutung für die religiöse Erziehung, Kösel Verlag, München 1982
Kleinheyer, Bruno: Heil erfahren in Zeichen, Don Bosco Verlag, München 1980
Kuhne, Alexander: Zeichen und Symbole im Gottesdienst und Leben, Bonifatius Verlag, Paderborn 1981
Läpple, Alfred: Kleines Lexikon des christlichen Brauchtums, Pattloch Verlag, Augsburg 1996
Lindner, Gert: Krippe und Stern, Gütersloher Verlagshaus, Gütersloh 1961

Lurker, Manfred: Die Botschaft der Symbole, Kösel Verlag, München 1990

ders.: Wörterbuch biblischer Bilder und Symbole, Kösel Verlag, München [2]1978

Meyers Enzyklopädisches Lexikon, Bibliographisches Institut, Mannheim [9]1972

Moser, Bruno: Bilder, Zeichen und Gebärden, Südwest-Verlag, München 1986;

Ovid: Metamorphosen, Reclam Verlag, Ditzingen 1993

Rech, Photina: Inbild des Kosmos – Eine Symbolik der Schöpfung, 2 Bände, Otto Müller, Salzburg-Freilassing 1966

Riedel, Ingrid: Formen, Kreuz-Verlag, Stuttgart [2]1986

Rosenberg, Alfons: Ursymbole und ihre Wandlung, Verlag Herder, Freiburg 1992

Schupp, Franz: Glaube – Kultur – Symbol, Patmos Verlag, Düsseldorf 1974

Schwikart, Georg: Kinder-Lexikon der Religionen, Patmos Verlag, Düsseldorf 1997

Seuffert, Josef: Lebendige Zeichen. Kleine Fibel christlicher Symbole, Verlag Herder, Freiburg 1983

Urech, Edouard: Lexikon christlicher Symbole, Christliche Verlagsanstalt, Konstanz 1974

Weidinger, Gertrud + Norbert: Zeichen und Symbole im Gottesdienst, Handbuch für die Ministranten- und Jugendarbeit, Kösel Verlag, München 1980

Stichwortverzeichnis

Nachfolgend sind *alle* erwähnten Begriffe alphabetisch geordnet aufgeführt; folgt diesen ein Pfeil, so weist er auf das Stichwort, unter dem Sie die Erklärung finden, z.B. „Ballon ↗ = Suche unter „Heißluftballon", oder „Geige ↗ = Suche unter „Violine" … Weiterhin sind im folgenden Verzeichnis alle Sternchen (*) aufgeschlüsselt. Dabei handelt es sich in der Klammer nach dem Stichwort jeweils um den *Kurztitel* meiner folgenden Bücher, die bis auf das letztgenannte im Matthias-Grünewald-Verlag, Mainz, erschienen sind. In ihnen finden Sie unter der ebenfalls angegebenen Nummer umfangreichere Ausführungen zu dem jeweiligen Stichwort.

Symbolpredigtbücher durch das Kirchenjahr

Für Erwachsene, Jugendliche und Kinder

„9x10"	=	9 x 10 Symbolpredigten
„88"	=	88 Symbolpredigten
„99"	=	99 Kinderpredigten
„122"	=	122 Symbolpredigten
„133"	=	133 Kinderpredigten
„144"	=	144 Zeichenpredigten

Bußfeiern. Mit Gegenständen aus dem Alltag

„2x11"; „3x7"	=	2 x 11 Bußfeiern; 3 x 7 Bußfeiern
„Umkehr"	=	Umkehr. 25 Bußfeiern

Sonstige Bücher

„Ansch. Predigten"	=	Anschauliche Predigten für Kinder-, Jugend- und Familiengottesdienste
„Anschaul. verkündigen"	=	Anschaulich verkündigen. 30 Ideen zur kreativen Gottesdienstgestaltung
„Kurzg. 1"	=	Kurzgeschichten 1: 255 Kurzgeschichten für Gottesdienst, Schule und Gruppe
„Senioren 1"	=	Seniorengottesdienste 1: 177 Gottesdienste für ältere Menschen und andere Altersgruppen

Aus dem Verlag Herder, Freiburg

„Messe erklären"	=	Kindern die Messe erklären; in Zeichen, Geschichten und Spielen

T

Veröffentlichungen von Willi Hoffsümmer im gleichen Verlag

Für die Gottesdienstgestaltung
Bausteine für Familiengottesdienste. Die Evangelien der Sonn- und Feiertage in Symbolen, Geschichten, Spielen und Bildern – Lesejahr A ([3]1998); – Lesejahr B ([3]1997); – Lesejahr C ([2]1995); Bausteine für Familiengottesdienste. Besondere Anlässe im Kirchenjahr in Symbolen, Geschichten, Spielen und Bildern (1996); Seniorengottesdienste 1: 177 Gottesdienste für ältere Menschen und andere Altersgruppen ([2]1991); Seniorengottesdienste 2: 166 Gottesdienste für ältere Menschen und andere Altersgruppen (1994); 111 Bausteine für Gottesdienste mit 3–7jährigen und religiöse Feiern im Kindergarten ([5]1995); Gottes Spur in der Schöpfung. 200 Ideen für Feriengottesdienste und Freizeiten ([2]1993); 2 x 11 Bußfeiern mit Gegenständen aus dem Alltag ([4]1995); 3 x 7 Bußfeiern mit Gegenständen aus dem Alltag ([2]1996); Umkehr. 25 Bußfeiern mit Gegenständen aus dem Alltag (1996); Anschaulich verkündigen. 30 Ideen zur kreativen Gottesdienstgestaltung (1998); 15 Aufnahmefeiern für Ministrantinnen und Ministranten. Mit Zeichen und Symbolen (1998)

Zeichen- und Symbolpredigten
Anschauliche Predigten für Kinder-, Jugend- und Familiengottesdienste ([5]1993); 144 Zeichenpredigten durch das Kirchenjahr. Mit Gegenständen aus dem Alltag ([7]1998); 99 Kinderpredigten. Mit Gegenständen aus dem Alltag ([4]1996); 133 Kinderpredigten. Mit Gegenständen aus dem Alltag ([9]1996); 122 Symbolpredigten durch das Kirchenjahr. Für Kinder, Jugendliche und Erwachsene ([3]1994); 88 Symbolpredigten durch das Kirchenjahr. Für Erwachsene, Jugendliche und Kinder ([2]1995); 9 x 10 Symbolpredigten durch das Kirchenjahr. Für Erwachsene, Jugendliche und Kinder (1999)

Geschichtensammlungen für die Gemeindepraxis
Kurzgeschichten 1: 255 Kurzgeschichten für Gottesdienst, Schule und Gruppe ([17]1998); Kurzgeschichten 2: 222 Kurzgeschichten ... ([11]1998); Kurzgeschichten 3: 244 Kurzgeschichten ... ([8]1997); Kurzgeschichten 4: 233 Kurzgeschichten ... ([6]1999); Kurzgeschichten 5: 211 Kurzgeschichten ... ([4]1998); Geschichten als Predigten ([3]1995); In Geschichten das Leben spiegeln. Band 1. 140 Geschichten für Gottesdienst, Schule und Gruppe ([2]1999)

Geschichtensammlungen als Bildband – das besondere Geschenk
Geschichten wie kostbare Perlen ([7]1998); Geschichten wie Spiegel des Herzens ([4]1995); Geschichten wie Wegweiser ([3]1997); Geschichten wie offene Türen ([3]1998); Geschichten wie Brücken zum Leben ([4]1998); Geschichten wie Brunnen in der Wüste (1995); Geschichten wie Schlüssel zum Glück (1998)

Bücher zu den Sakramenten – mit Geschichten
Geschichten zur Taufe. Topos Taschenbuch 210 ([4]1999); Bußgeschichten. Topos Taschenbuch 99 ([6]1993); Kommuniongeschichten. Brot fürs Leben. Topos Taschenbuch 79 ([18]1998); Firmgeschichten. Hinführung zur Firmung für Jugendliche und Gruppenleiter. Topos Taschenbuch 126 ([9]1998); Geschichten zum Sakrament der Ehe. Topos Taschenbuch 166 ([5]1998); Geschichten für Kranke. Topos Taschenbuch 188 ([4]1997); Brot in unserer Hand. Mein Erstkommunionbuch ([2]1998)

Für Gruppen und Schule
33 Gruppenstunden für Ministranten, geeignet auch für Schule, Kinder- und Jugendarbeit ([6]1998); 27 Modelle für Gruppenstunden und Religionsunterricht ([2]1997); Religiöse Spiele für Gottesdienst und Gruppen. Band 1 ([6]1994); Religiöse Spiele für Gottesdienst und Gruppen. Band 2 ([4]1993); 77 religiöse Spielszenen für Gottesdienst, Schule und Gruppe ([3]1994); 9 x 9 Spielszenen für Gottesdienst, Schule und Gruppe ([2]1998)

Glaubensvermittlung
Von der Schöpfung, Gott und Jesus erzählen. 100 Ideen für 3–7jährige ([3]1998); Glaube trägt. Kleiner Katechismus für junge und erwachsene Christen ([9]1998)

Gesamtauflage: 1.000.000